Sprache ist ...

- das Sprechen oder die Fähigkeit zu sprechen;
- das System von Zeichen und Lauten, das von Angehörigen einer bestimmten sozialen Gemeinschaft in gesprochener und geschriebener Form zur Verständigung benutzt wird;
- die Art zu sprechen oder zu formulieren.

Die zehn Sprachen mit den meisten Sprechern und was »Sprache« in diesen Sprachen heißt

Chinesisch	1200 Mio.	Yǔyán
Englisch	330 Mio.	Language
Spanisch	330 Mio.	Lengua
Hindi	240 Mio.	Bhāsā
Arabisch	220 Mio.	Luġa
Portugiesisch	180 Mio.	Linguagem
Bengali	180 Mio.	Bhāsā
Russisch	150 Mio.	Yazyk
Japanisch	120 Mio.	Gengo
Deutsch	100 Mio.	Sprache

Fünf Beispiele für die Verwandtschaft europäischer Sprachen mit dem Altindischen

altindisch	altgriechisch	russisch	lateinisch	englisch	deutsch
mātár-	mētēr	mat	mater	mother	Mutter
bhrātr-	phrētēr	brat	frater	brother	Bruder
tráyas	treĩs	tri	tres	three	drei
náva-	néos	novyj	novus	new	neu
ásti	estí	est	est	is	ist

Deklination

»Wenn der Deutsche ein Eigenschaftswort in die Finger bekommt, dann dekliniert er es und hört nicht auf, es zu deklinieren, bis der letzte Rest von Verstand fortdekliniert ist. […] Man sagt beispielsweise:«

Singular	Deutsch	Englisch
Nominativ	Mein guter Freund	my good friend
Genitiv	Meines guten Freundes	of my good friend
Dativ	Meinem guten Freunde	to my good friend
Akkusativ	Meinen guten Freund	to my good friend

Plural	Deutsch	Englisch
Nominativ	Meine guten Freunde	my good friends
Genitiv	Meiner guten Freunde	of good friends
Dativ	Meinen guten Freunden	to good friends
Akkusativ	Meine guten Freunde	to good friends

Mark Twain, Die schreckliche deutsche Sprache

Überwiegend feminin

Fast alle deutschen Substantive haben einen Artikel, einige (1,3 %) zwei und ein paar (0,02 %) sogar alle drei. Nur knapp 0,1 % werden ohne Artikel gebraucht (z. B. »Aids«, »Allerheiligen«). Bei den Substantiven mit nur einem Artikel liegt »die« deutlich vor »der« und »das«:

- »die« (feminin): 46 %
- »der« (maskulin): 34 %
- »das« (neutral): 20 %

Weibliche Formen

Weibliche Personen- oder Berufsbezeichnungen lassen sich im Deutschen einfach bilden: Entweder die männliche Form bleibt unverändert (bei substantivierten Adjektiven wie *der Deutsche – die Deutsche*), oder die Endung *-in* wird angehängt *(der Schweizer – die Schweizerin),* wobei es in manchen Fällen zur Umlautbildung kommen kann *(der Franzose – die Französin).* Es gibt jedoch – wie könnte es im Deutschen anders sein – zahlreiche Ausnahmen ...

Angestellte – Angestellte	*aber:*	Beamte – Beamtin
Maurer – Maurerin	*aber:*	Zauberer – Zauberin Freimaurer – ?
Hausierer –Hausiererin	*aber:*	Förderer – Förderin
Lehrer – Lehrerin	*aber:*	Hexer – Hexe Witwer – Witwe
Herr – Herrin	*aber:*	Herr – Dame Mann – Frau
König – Königin	*aber:*	Prinz – Prinzessin
Verlobte – Verlobte	*aber:*	Bräutigam – Braut
Landsmann – Landsmännin	*aber:*	Landmann – Landfrau Zimmermann – Zimmerin
Platzwart – Platzwartin	*aber:*	Torwart – Torfrau
Friseur – Friseurin	*aber:*	Souffleur – Souffleuse Sommelier – Sommelière Portier – Portiersfrau
Confiseur – Confiseurin	*aber:*	Concierge – Concierge
Schlamper – Schlamperin	*aber:*	? – Schlampe
Gast – Gästin	*aber:*	Filmstar – ?

Die Form *Gästin* gab es tatsächlich einmal; sie findet sich z. B. im Wörterbuch von Jacob und Wilhelm Grimm.

Lange und kurze Ortsnamen

Llanfairpwllgwyngyllgogerychwyrndrobwllllantysiliogogogoch ist mit 58 Buchstaben der längste Ortsname Europas. Der walisische Ort ist mit dem Dorf *Y* in Frankreich verschwistert. Platz 1 der kürzesten Ortsnamen Europas muss sich *Y* allerdings mit mehreren Orten namens *Å* in Norwegen, Schweden und Dänemark teilen.

Pangramme

Ein Pangramm ist ein Satz, der möglichst wenige Buchstaben, aber insgesamt alle 26 Buchstaben des Alphabets enthält. Früher wurden Pangramme als Prüftext zum Testen von Schreibmaschinen benutzt, heute finden sie noch bei der Darstellung von Schriften Verwendung. Dabei ist es im Englischen und mit Einschränkungen auch im Französischen einfacher als im Deutschen, kurze, mehr oder weniger sinnvolle Pangramme zu »erdichten«:

Pack my box with five dozen liquor jugs – (*Pack meinen Kasten mit fünf Dutzend Alkoholkrügen;* 32 Buchstaben)

Sylvia wagt quick den Jux bei Pforzheim – (33 Buchstaben; kurz, aber unsinnig)

The quick brown fox jumps over the lazy dog – (*Der schnelle braune Fuchs springt über den faulen Hund;* 35 Buchstaben)

Portez ce vieux whisky au juge blond qui fume – (*Bringt diesen alten Whisky zum rauchenden blonden Richter;* 37 Buchstaben)

Franz jagt im komplett verwahrlosten Taxi quer durch Bayern – (51 Buchstaben)

Zwölf Boxkämpfer jagen Viktor quer über den großen Sylter Deich – (54 Buchstaben; mit Umlauten)

18 häufig falsch geschriebene Wörter

falsche Schreibung(en) und ihre Häufigkeit	(in %)	richtige Schreibung
lizensieren	83	lizenzieren
Obulus	69	Obolus
sympatisch	61	sympathisch
Imbus	60	Inbus
Standart	58	Standard
Terasse	57	Terrasse
seperat	56	separat
agressiv	52	aggressiv
Lapalie	52	Lappalie
Wachholder	45	Wacholder
Matraze	43	Matratze
Billiard	41	Billard
subsummieren	35	subsumieren
Kandarre	34	Kandare
Diletant, Dilletant	33	Dilettant
skuril	32	skurril
Rhytmus, Rytmus	31	Rhythmus
symetrisch	30	symmetrisch

Zur Häufigkeit ist zu sagen, dass sie wohl keineswegs repräsentativ ist. Sie wurde durch Googeln der richtig und falsch geschriebenen Wörter ermittelt; die auf Seiten in deutscher Sprache erzielten Treffer – wobei natürlich auch Einträge in Wörterbüchern, Eigennamen usw. dabei waren – wurden dann in Prozentwerte umgerechnet. Ein gewisse Tendenz wird sich in der Tabelle jedoch sicherlich widerspiegeln. Und sie zeigt, dass der Versuch, richtige Schreibungen mithilfe von Google® zu ermitteln, nicht immer ganz zielführend ist.

staben, aber insgesamt alle 26 Buchstaben des Alphabets enthält.

Zwölf Wörter des Jahrzehnts 2000 bis 2010 und die Anzahl der Treffer bei Google®

	weltweit	Seiten auf Deutsch
Flatrate	83 700 000	24 300 000
Klimawandel	11 100 000	16 900 000
Jobcenter	9 500 000	5 460 000
Klingelton	9 210 000	10 400 000
Ratingagentur	6 560 000	12 500 000
Spamfilter	2 870 000	1 680 000
Passivhaus	2 650 000	3 140 000
Fanmeile	1 410 000	1 230 000
Abwrackprämie	1 210 000	1 400 000
Luftgitarre	423 000	415 000
Dosenpfand	216 000	207 000
Publikumsjoker	204 000	155 000

Seltsamerweise erhält man beim Googeln mancher Wörter mehr Treffer, wenn man sich auf Seiten in deutscher Sprache beschränkt. Verstehe einer die Suchmaschinen!

24 vom Aussterben bedrohte Wörter von A bis Z

anheischig
Backfisch
Chaiselongue
Depesche
Eidam
Fidibus
Gesinde
Hahnrei
inkommodieren
Jukebox
kujonieren
Laufpass
Muckefuck
Nassauer
Oheim
poussieren
Quivive
Rollschuh
Sommerfrische
Telex
ungestalt
vorwalten
Wams
Zwist

Sechs mausetote Wörter

- *Abgängsel* [Späne, Schnipsel als Abfälle bei der Bearbeitung von etwas]: 1880 bis 1961 im Rechtschreibduden
- *Abbreviator* [bis 1908 päpstlicher Beamter für das Entwerfen von Schriftstücken]: 1880 bis 1926 im Rechtschreibduden
- *beleibzüchtigen* [mit einem lebenslangen Unterhalt versehen]: 1880 bis 1926 im Rechtschreibduden
- *Bdellometer* [»künstlicher Blutegel«, Schröpfapparat als Ersatz für Blutegel]: 1880 bis 1926 im Rechtschreibduden
- *Pomadenhengst* [Mann mit stark pomadisierter Frisur]: 1915 bis 2000 im Rechtschreibduden
- *Selbstwählferndienst* [Telefonieren ins Ausland ohne »Fräulein vom Amt«]: 1961 bis 2000 im Rechtschreibduden

Die Bcuhstbaenrehenifloge in eneim Wort ist eagl!

Ncah enier nueen Sutide, die uetnr aerdnem von der Cmabirdge Uinertvisy dührruchgeft wrdoen sein slol, ist es eagl, in wlehcer Rehenifloge Bcuhstbaen in eneim Wort sethen, huaptschae der esrte und ltzete Bcuhstbae snid an der rhcitgien Setlle. Die rsetclhien Bshcuteban kenönn ttoal druchenianedr sein, und man knan es tortzedm onhe Poreblme lseen, weil das mneschilhce Gherin nhcit jdeen Bcuhstbaen enizlen leist, snodren das Wort als gnazes. Mit dme Pähonemn bchesfätgein shci mherere Hhcochsluen, acuh die aerichmkianse Uivnäseritt in Ptstbiurg. Esrtmlas üebr das Tmeha gchseibren hat aebr breteis 1976 – und nun in der rgchitien Bruecihhsetnafoelngbe – Graham Rawlinson – in sieenr Dsiestraiton mit dem Tetil »The Significance of Letter Position in Word Recognition« an der egnlsicehn Uitneivrsy of Ntitongahm.
(Aus der FAZ vom 24. 9. 2003)

Entlehntes

Es gibt im Deutschen eine große Gruppe von Wörtern, die aus dem Englischen stammen, denen man ihre Herkunft aber nicht ansieht. Es sind **Lehnübersetzungen,** die nach ihren Bestandteilen aus dem Englischen ins Deutsche übersetzt wurden: *brainwashing – Gehirnwäsche, birth control – Geburtenkontrolle, semiconductor – Halbleiter, silent majority – schweigende Mehrheit, self service – Selbstbedienung, floodlight – Flutlicht, Cold War – Kalter Krieg, once more – einmal mehr.*

Lehnübertragungen sind freie Übersetzungen: *cruise missile – Marschflugkörper, understatement – Untertreibung, cover story – Titelgeschichte, Big Bang – Urknall, Airlift – Luftbrücke.*

Daneben gibt es zahlreiche **Lehnwendungen,** ursprünglich aus dem angelsächsischen Sprachraum stammende Wendungen, Redensarten und Sprichwörter, die eingedeutscht wurden: *Wer im Glashaus sitzt, soll nicht mit Steinen werfen – People who live in glass houses shouldn't throw stones; den Nagel auf den Kopf treffen – to hit the nail on the head; jemandem die Schau stehlen – to steal the show from somebody; sein Gesicht verlieren (wahren) – to lose (save) one's face; im gleichen Boot sitzen – to be in same boat.*

Manche Wörter haben durch den Einfluss des Englischen eine weitere Bedeutung, eine **Lehnbedeutung**, erfahren. So hat *realisieren* [verwirklichen, etwas zu Geld machen] über *to realize* die weitere Bedeutung »begreifen, sich einer Sache bewusst werden« erhalten; *kontrollieren* [überprüfen] hat über *to control* die Bedeutung »beherrschen« hinzugewonnen, *dekorieren* [ausschmücken, verschönern] über *to decorate* die Bedeutung »auszeichnen, mit einem Orden ehren« und *feuern* [Feuer machen, schießen, werfen] über *to fire* die Bedeutung »entlassen«.

vielen Lehnübersetzungen aus dem

Die fünf beliebtesten und die fünf unbeliebtesten Dialekte Deutschlands

Rang	beliebt	bei ... % der Befragten	unbeliebt	bei ... % der Befragten
1	Bairisch	44	Sächsisch	54
2	Norddeutsches Platt	32	Bairisch	21
3	Berlinerisch	29	Berlinerisch	21
4	Schwäbisch	25	Schwäbisch	17
5	Sächsisch	20	Thüringisch	12

Diese Rangliste ist das Ergebnis einer Umfrage des Instituts für Demoskopie Allensbach aus dem Jahr 2008 nach der Beliebtheit der deutschen Dialekte, wobei Mehrfachnennungen möglich waren. Bemerkenswert ist, dass vier der fünf beliebtesten Mundarten gleichzeitig auch unter den fünf unbeliebtesten zu finden sind. Auf den unteren Rängen bietet sich ein ähnliches Bild – die am wenigsten beliebten Dialekte sind auch die am wenigsten unbeliebten. Beispielsweise kam Pfälzisch mit 7 % auf Platz 12 der beliebtesten und mit 5 % auf Platz 13 der unbeliebtesten Dialekte.

Fünf Wörter auf -nf

Im Rechtschreibduden finden sich vier einsilbige deutsche Wörter, die auf *-nf* enden, nämlich *fünf, Genf, Hanf* und *Senf.* Komposita wie *Feuersenf* oder *Dreitausendvierhundertundfünf* gelten natürlich nicht, sie haben ja mehr als nur eine Silbe.

Spezialisten haben darüber hinaus im Schweizer Kanton Glarus einen – allerdings eher nur Eingeweihten bekannten – Fluss namens *Sernf* ausfindig gemacht.

Elf Spontisprüche

Spontisprüche sind scheinbar spontan – auch Spontaneität muss wohlüberlegt sein – entstandene Aperçus oder Wortspielereien, die man auf Zäunen, Haus- und Klowänden gemalt oder gesprayt findet und die skurrile, hintersinnige, doppeldeutige, manchmal auch sinnfreie anarchistische Erkenntnisse vermitteln:

- Wie kommt es, dass am Ende des Geldes noch so viel Monat übrig ist?
- Selten dumme Menschen sind nicht selten, aber dumm.
- Wo kämen wir hin, wenn jeder sagte, wo kämen wir hin, aber keiner ginge, um zu schauen, wo wir hinkämen, wenn wir gingen.
- Buchen Sie jetzt! Eichen können Sie später.
- Lieber Glück im Unglück als Pech in der Strähne.
- Es genügt nicht, keine Meinung zu haben. Man muss auch unfähig sein, sie auszudrücken.
- Da wir von allem nichts verstehen, reden wir überall mit.
- Wenn ein Meister vom Himmel fällt, war er mal einer.
- Teigwaren heißen Teigwaren, weil Teigwaren Teig waren.
- Merkwürdig: Auf älteren Fotos sieht man viel jünger aus.
- Wissensdurst ist die flüssige Form von Bildungshunger.

Der Lauf der Dinge
Der Gang der Dinge
Der Stand der Dinge
Der Sitz der Dinge???
Die Lage der Dinge

Dinge können offenbar laufen, gehen, stehen und liegen, aber nicht sitzen.

18-mal doppelt gemoppelt

Ein Pleonasmus ist eine überflüssige Häufung sinngleicher oder sinnähnlicher Ausdrücke, also das, was man umgangssprachlich unter »doppelt gemoppelt« versteht. Das häufigste Beispiel, der weiße Schimmel, ist vermutlich auch das am wenigsten treffende, denn Schimmel gibt es in allen Farben, in Rot, Blau, Grün oder Schwarz, letztere Arten bevorzugt auf verdorbenen Lebensmitteln. Hier ein paar Beispiele der häufigsten Pleonasmen:

- alter Greis (Greis = alter Mann)
- aufoktroyieren (oktroyieren [frz.] = aufzwingen]
- Außenfassade (façade [frz.] = Außenseite)
- Einzelindividuum (Individuum [lat.] = Einzelwesen)
- Fußpedal (Pedal [lat.] = Fußhebel)
- Glasvitrine (Vitrine [frz.] = gläserner Schaukasten)
- Guerillakrieg (guerrilla [span.] = kleiner Krieg)
- kleiner Obolus (Obolus [griech.] = kleine Geldspende)
- lautlose Stille
- offizielle Amtssprache (offiziell [frz.] = amtlich)
- PIN-Nummer (PIN = **P**ersonal **I**dentification **N**umber)
- Pulsschlag (Puls [lat.] = Schlag]
- Rückerstattung (Erstattung = Rückzahlung)
- runder Kreis
- seltene Ausnahme
- Vorderfront (Front [frz.] = Vorderseite)
- zusammenaddieren (addieren = zusammenzählen)

Die Sprache kann der letzte Hort der Freiheit sein. Wir wissen, dass ein Gespräch, dass ein heimlich weitergereichtes Gedicht kostbarer sein kann als Brot, nach dem in allen Revolutionen die Aufständischen geschrien haben.

Heinrich Böll

etzte Hort der Freiheit sein.

13 europäische Sprachen mit weniger als einer Million Sprechern

Sprache	Sprecher	gesprochen in
Walisisch	750 000	Wales, England
Baskisch	750 000	Spanien, Frankreich
Friaulisch	600 000	Italien
Friesisch	400 000	Niederlande, Deutschland
Bretonisch	150 000	Frankreich
Färöisch	60 000	Färöer
Schottisch	60 000	Schottland
Bündnerromanisch	35 000	Schweiz
Sorbisch	30 000	Deutschland
Ladinisch	30 000	Italien
Samisch	24 000	Lappland (Norwegen, Schweden, Finnland)
Kornisch	3 000	Cornwall (England)
Manx	1 700	Insel Man (England)

Substantive, die in der Regel nicht im Plural stehen

- **Gefühle, Gefühlsäußerungen:** Liebe, Zorn, Spott, Mitleid, Misstrauen, Eifer
- **Abstrakta und Gattungsbegriffe:** Hunger, Geduld, Heimkehr, Zukunft, Schlaf, Camping, Rundfunk, Mittelalter, Physik, Chirurgie, Sport, Bronzezeit, Handel
- **Unzählbares:** Wärme, Lärm, Magnetismus
- **(chemische) Substanzen:** Gold, Sauerstoff, Hirschhornsalz, Heroin, Benzin, Folsäure
- **substantivierte Verben:** das Schweigen, das Bergsteigen
- **substantivierte Adjektive:** das Gelbe, das Unglaubliche
- **Organisationen:** Post, Bundesmarine, Verfassungsschutz

Wie buchstabiert man vorschriftsmäßig?

	Deutschland	Österreich	Schweiz	International
A	Anton	Anton	Anna	Alpha
Ä	Ärger	Ärger	Äsch	
B	Berta	Berta	Berta	Bravo
C	Cäsar	Cäsar	Cäsar	Charlie
D	Dora	Dora	Daniel	Delta
E	Emil	Emil	Emil	Echo
F	Friedrich	Friedrich	Friedrich	Foxtrot
G	Gustav	Gustav	Gustav	Golf
H	Heinrich	Heinrich	Heinrich	Hotel
I	Ida	Ida	Ida	India
J	Julius	Julius	Jakob	Juliett
K	Kaufmann	Konrad	Kaiser	Kilo
L	Ludwig	Ludwig	Leopold	Lima
M	Martha	Martha	Marie	Mike
N	Nordpol	Nordpol	Niklaus	November
O	Otto	Otto	Otto	Oscar
Ö	Ökonom	Österreich	Örlikon	
P	Paula	Paula	Peter	Papa
Q	Quelle	Quelle	Quasi	Quebec
R	Richard	Richard	Rosa	Romeo
S	Samuel	Siegfried	Sophie	Sierra
T	Theodor	Theodor	Theodor	Tango
U	Ulrich	Ulrich	Ulrich	Uniform
Ü	Übermut	Übel	Übermut	
V	Viktor	Viktor	Viktor	Victor
W	Wilhelm	Wilhelm	Wilhelm	Whiskey
X	Xanthippe	Xaver	Xaver	X-Ray
Y	Ypsilon	Ypsilon	Yverdon	Yankee
Z	Zacharias	Zürich	Zürich	Zulu

Die häufigsten Wörter nach dem 2,2 Milliarden Wortformen zählenden Dudenkorpus

Die 20 häufigsten Substantive

	in Texten allgemein	in Romanen		in Texten allgemein	in Romanen
1.	Jahr	Mann	11.	Land	Vater
2.	Uhr	Frau	12.	Deutschland	Kind
3.	Prozent	Hand	13.	Kind	Blick
4.	Million	Auge	14.	Ende	Leben
5.	Euro	Tag	15.	USA	Haus
6.	Zeit	Zeit	16.	Stadt	Tür
7.	Tag	Jahr	17.	Seite	Mensch
8.	Frau	Kopf	18.	Woche	Wort
9.	Mensch	Mutter	19.	Leben	Stimme
10.	Mann	Gesicht	20.	Berlin	Herr

Die 20 häufigsten Verben

	in Texten allgemein	in Romanen		in Texten allgemein	in Romanen
1.	werden	haben	11.	machen	machen
2.	haben	sein	12.	gehen	geben
3.	sein	werden	13.	stehen	wissen
4.	können	können	14.	lassen	sollen
5.	müssen	sagen	15.	sehen	lassen
6.	sollen	sehen	16.	finden	stehen
7.	sagen	müssen	17.	bleiben	fragen
8.	geben	kommen	18.	liegen	tun
9.	kommen	gehen	19.	dürfen	nehmen
10.	wollen	wollen	20.	stellen	halten

Die 20 häufigsten Adjektive

	in Texten allgemein	in Romanen		in Texten allgemein	in Romanen
1.	neu	ander...	11.	letzt...	lang
2.	ander...	klein	12.	alt	jung
3.	groß	groß	13.	hoch	weit
4.	erst...	gut	14.	jung	nahe
5.	viel	erst...	15.	nahe	eigen
6.	deutsch	viel	16.	zweit...	einzig
7.	gut	alt	17.	lang	schwarz
8.	weit	ganz	18.	vergangen	einig...
9.	klein	letzt...	19.	wenig	wenig
10.	eigen	neu	20.	ganz	lieb

Umlaut

Adjektiv für Eigenschaftswort, Monosyllabum für einsilbiges Wort, Diphthong für Doppellaut, Interrogativpronomen für Fragefürwort – für alles haben die Sprachwissenschaftler eine aus dem Griechischen oder Lateinischen abgeleitete Bezeichnung.
Für alles? Nein! Für das deutsche Wort Umlaut haben sie es bis heute versäumt, ein entsprechendes Fremdwort zu erfinden. Die Ursache hierfür – Mangel an sprachlicher Kreativität oder reine Nachlässigkeit – ist unklar. Solange dieser Missstand nicht behoben ist, müssen wir wohl oder übel mit dem Wort Umlaut leben, da auch der naheliegende Vorschlag, es aus einer anderen Sprache, etwa dem Englischen, zu entlehnen, bedauerlicherweise nicht praktikabel ist. Denn hier heißt Umlaut, als Fremdwort aus dem Deutschen, ebenfalls Umlaut.

Erfolgreiche deutsche Emigranten ...

... immigriert ins ...

... Englische: angst, autobahn, berufsverbot, bildungsroman, Blitzkrieg, bratwurst, bremsstrahlung, delicatessen, doppelganger, dummkopf, eisbein, ersatz, festschrift, gemuetlichkeit, grosswetterlage, hausfrau, hinterland, iceberg, kaffeeklatsch, kapellmeister, kaputt, kindergarten, kitsch, knackwurst, kraut, kriegspiel, lager (beer), lebensraum, leberwurst, lebkuchen, leitbild, leitmotif, lied, muesli, oktoberfest, panzer, pils, pretzel, pumpernickel, rollmops, rucksack, sauerkraut, schadenfreude, schnapps, sprachraum, schnitzel, strudel, umlaut, waldmeister, waldsterben, weltschmerz, wunderkind, wurst, zeitgeist

... Französische: berufsverbot, blitzkrieg, bretzel, diktat, doppelgænger, fœhn, glockenspiel, hamster, handball, kammerspiel, kirsch, landwehr, leitmotif, niemandsland, rollmops, rucksac, stiefmutter, waldsterben, zuckerwatte, zwieback

... Italienische: föhn, hinterland, jodler, kirsch, kitsch, kaputt, kindergarten, krapfen, kursaal, leitmotiv, poltergeist, realpolitik, schadenfreude

... Russische: absaz, brandmauer, buchgalter, buterbrod, fejerwerk, gastarbajter, kapelmejster, kartofel, klejster, kurort, landschaft, lejtmotiv, marschrut, rjuksak, schlagbaum, schpriz, schtempel, wunderkind, zejtnot, ziferblatt, zugzwang

... Spanische: delicatessen, hinterland, iceberg, kaputt, kitsch, kuchen, kursaal, leitmotiv, muesli, poltergeist, weltanschauung, zeitgeist

... Türkische: aysberg, dübel, grossmarket, haymatlos, hinterlant, laytmotif, otoban, panzer, şinitzel, tekniker, tifdruk

Wörter, die bei der Wahl zum Wort des Jahres auf den zweiten Platz kamen

1991	vereintes Deutschland	2002	Anti-Terror-Krieg
1992	abwickeln	2003	PISA-Schock
1993	Fremdenhass	2004	Agenda 2010
1994	Standort Deutschland	2005	Parallelgesellschaften
1995	Jackpot	2006	Generation Praktikum
1996	Eurogeld	2007	Herdprämie
1997	Haushaltsloch	2008	verzockt
1998	Ruck durch Deutschland	2009	kriegsähnliche Zustände
1999	Viagra	2010	Stuttgart 21
2000	Kosovokrieg	2011	hebeln
2001	BSE-Krise		

Scheinanglizismen

Scheinanglizismen oder -amerikanismen sind Begriffe, die zwar aus englischem Wortmaterial gebildet sind, die es im Englischen aber nicht oder so nicht gibt, etwa *Handy* (heißt im Englischen mobile phone oder cell phone), *Smoking* (engl. dinner jacket), *Whirlpool* (engl. jacuzzi), *Bodybag* (englische Bedeutung: Leichensack).

Weitere Beispiele sind *Twen, Dressman, Show-* oder *Quizmaster, Coverboy, Pullunder* oder *Barkeeper.* Zu den skurrilsten Scheinanglizismen zählt *Public Viewing,* das öffentliche Rudelgucken einer Liveübertragung eines (Sport-) Ereignisses auf Großleinwänden im Freien. Im amerikanischen Englisch versteht man darunter die öffentliche Aufbahrung eines Toten.

15 Akronyme und Kurzwörter

Akronyme sind (meist aus den Initialbuchstaben der abgekürzten Wortgruppe oder deren Anfangssilben gebildete) Abkürzungen, die sprachlich inzwischen jedoch nicht mehr wie Abkürzungen behandelt, sondern als eigenständige Wörter geschrieben und gesprochen werden und deswegen vielfach auch nicht mehr durchgängig in Großbuchstaben geschrieben werden. Kurzwörter werden aus den Anfangsbuchstaben von Anfangs- und Binnensilben eines Worts gebildet.

Aids	Acquired Immune Deficiency Syndrome
Bafög	Bundesausbildungsförderungsgesetz
DAX®	Deutscher Aktienindex
Dinky	Double income, no kids yet
ELSTER	Elektronische Steuer-Erklärung
Kripo	Kriminalpolizei
Laser	Light amplification by stimulated emission of radiation
Nasa [NASA]	National Aeronautic and Space Administration
Nato [NATO]	North Atlantic Treaty Organization
Opec [OPEC]	Organization of the Petroleum Exporting Countries
PIN	Personal Identification Number
Radar	Radio detection and ranging
Trafo	Transformator
TÜV	Technischer Überwachungs-Verein
Uno [UNO]	United Nations Organization

Das Land, in welchem *ehrliche Haut* und *unschuldiger Tropf* Schimpfwörter sind und *anführen* so viel als *betrügen.*

Georg Christoph Lichtenberg

Vier Wörter, deren eine Bedeutung das Gegenteil der anderen ist

Eine **Sanktion** kann eine *Billigung* sein, aber auch eine *Strafmaßnahme* wegen unbilligen Verhaltens.
Untiefe bezeichnet eine *seichte Stelle,* kann aber auch eine *große Tiefe* bedeuten.
Etwas übersehen kann die Bedeutung von *etwas überblicken* oder von *etwas nicht sehen* haben.
Der **Preis** im Sinne von Kosten ist ein *Verlust,* aber ein *Gewinn,* wenn man mit einem solchen ausgezeichnet wird.

Sechs Adjektive, ...

... für die es kein gegenteiliges Adjektiv gibt:
allein (ich bin allein), *ewig* (der ewige Streit), *müde* (Peter ist müde), *schlimm* (ein schlimmes Verbrechen), *durstig* (wir sind durstig), *technisch* (der technische Fortschritt)
... die nach dem Substantiv stehen können:
bar (zwanzig Euro bar), *pur* (Spannung pur), *trocken* (Martini trocken), *total* (Fußball total), *blau* (Forelle blau), *senior* (Müller-Lüdenscheid senior)
... die in bestimmten Wendungen nicht gebeugt werden:
gut (auf gut Glück versuchen), *ruhig* (ruhig Blut bewahren), *schön* (kein schöner Land in dieser Zeit), *trocken* (bei Wasser und trocken Brot), *eigen* (ihr eigen Fleisch und Blut), *römisch* (römisch Vier)
... die nie gebeugt werden:
lila, rosa, türkis, creme, pink, bleu – also ein türkis Kleid oder ein türkisfarbiges Kleid.

Hochdeutsch: Norddeutsch vs. Süddeutsch

Goethe mühte sich 1803 in seinen »Regeln für Schauspieler« um eine einheitliche Bühnenaussprache. Zum Standardwerk brachte es Theodor Siebs' »Deutsche Bühnenaussprache« von 1898. Hier wurde die Aussprache des Deutschen für Theaterbühnen erstmals normiert. Mangels Rundfunk, Film oder Fernsehen waren die Theaterschauspieler damals die effektivsten Multiplikatoren für gesprochenes Deutsch. Entsprechend war die Wirkung auf die Standardlautung. Die Vorgabe war etwa, das Hochdeutsche so norddeutsch wie möglich auszusprechen, einschließlich der Aussprache der Endung »-ig« als »-ich«. Die einzige nennenswerte Konzession an den Süden war die Aussprache von »sp« und »st« als »schp« und »scht«. Noch in den 1950er-Jahren schien sich das Übergewicht des Nordens zu verstärken: Die »Tagesschau« und die überregionale Presse (»Bild«, »Spiegel«, »Stern«, »Zeit«) saßen in Hamburg. Besonders die »Tagesschau« als Multiplikator begann das Bühnendeutsch als Vorbild abzulösen. Dabei waren norddeutsche Sprachgewohnheiten unüberhörbar: vom typisch norddeutschen »Sonnabend« war regelmäßig die Rede; der süddeutsche »Samstag« kam dagegen kaum vor. Inzwischen machen große Fernsehsender in Mainz, Köln und München der »Tagesschau« das Quasi-Monopol streitig. »Samstag« heißt es inzwischen meist auch in der »Tagesschau«.

Die Verteilung der Wortarten im Rechtschreibduden

Mit 74,3 % stellen die Substantive die größte Gruppe der Stichwörter im Rechtschreibduden. Mit großem Abstand folgen die Adjektive (13,8 %), die Verben (10,1 %) und die Adverbien (1,3 %). Alle übrigen Wortarten machen zusammen nur 0,5 % aus.

Mit 74,3 % stellen die Substantive die größte

Merkwürdige Buchstaben

In vielen Sprachen können bestimmte Buchstaben seltsame Häkchen, Schlangenlinien oder Punkte – sogenannte diakritische Zeichen – aufweisen, die auf eine bestimmte Betonung oder Aussprache hinweisen. Dass Wörter mit solchen Buchstaben im Deutschen gewøhñungsbedüřftig sind, ist sïcherliçh kaum žu bestréiten.

Zeichen	Bezeichnung	Sprache	Bedeutung
å		Schwed./Norweg., Dän.	Aussprache als o bzw. als a mit Anklang an o
ø		Dän., Norweg. u.a.	entspricht dem deutschen Umlaut ö
à, é, è …	Akzent	Frz.	Betonung. Bei e: geschlossene bzw. offene Aussprache
â, î, ô …	Akzent	Frz.	Wegfall eines (in früheren Zeiten noch vorhandenen) nachfolgenden s
æ, œ	Ligatur	Frz., skandinav. Sprachen u.a.	Zusammenziehung von ae, oe
ë, ï	Trema	Frz., Niederländ. u.a.	getrennte Aussprache (z.B. oe, ei, …)
ç	Cedille	Frz.	Aussprache (c vor a, o, u als s)
á, ó …	Akzent	Span.	Silbenbetonung
ñ	Tilde	Span.	Aussprache (n als nasales nj)
č, ř, š …	Háček	Slaw. Sprachen	Aussprache (z.B. c als tsch, r als rsch, s als sch)

Gruppe der Stichwörter im Rechtschreibduden.

30 Teekesselchen mit zwei möglichen Artikeln und unterschiedlicher Bedeutung ...

das Laster [Untugend]	*der* Laster [Lastwagen]
das Mark [Knocheninneres]	*die* Mark [Währungseinheit]
das Golf [Sport]	*der* Golf [Meeresbucht]
das Gehalt [Bezahlung]	*der* Gehalt [Inhalt, Wert]
das Titan [Metall]	*der* Titan [Riese]
der Otter [Marderart]	*die* Otter [Schlange]
der Taube [Gehörloser]	*die* Taube [Vogel]
das Gefallen [Gefühl]	*der* Gefallen [Dienst]
das Erbe [Nachlass]	*der* Erbe [Erbberechtigter]
das Schild [Hinweisschild]	*der* Schild [Schutzschild]
das Verdienst [Leistung]	*der* Verdienst [Einkommen]
der Bulle [Stier]	*die* Bulle [Urkunde]
das Moment [physikalische Größe]	*der* Moment [Augenblick]
der Hut [Kopfbedeckung]	*die* Hut [Vorsicht]
das Pony [Kleinpferd]	*der* Pony [Frisur]
das Ekel [Widerling]	*der* Ekel [Abscheu]
das Steuer [Lenkrad]	*die* Steuer [Abgabe]
das Korn [Getreide]	*der* Korn [Schnaps]
das Bund [Strauß]	*der* Bund [Vereinigung]
das Service [Geschirr]	*der* Service [Dienstleistung]
der Kiefer [Schädelknochen]	*die* Kiefer [Nadelbaum]
der Mast [Mastbaum]	*die* Mast [Tiermast]
der See [Binnensee]	*die* See [Meer]
der Heide [Ungläubiger]	*die* Heide [Vegetationsform]
das Tau [Seil]	*der* Tau [Niederschlag]
der Leiter [Anführer]	*die* Leiter [Steiggerät]
das Tor [große Tür]	*der* Tor [törichter Mensch]
das Reis [Zweig]	*der* Reis [Getreide]
der Mangel [Fehler]	*die* Mangel [Bügelmaschine]

... und zwei Teekesselchen mit drei Artikeln und drei Bedeutungen

✱ *das* Band:	Gewebestreifen, Bindung
der Band:	Buch
die Band:	Musikgruppe
✱ *das* Single:	Einzelspiel (Tennis o. Ä.)
der Single:	alleinstehender Mensch
die Single:	kleine Schallplatte

Sag's mit Schiller

15 Zitate aus Friedrich Schillers »Lied von der Glocke«, die zu Sprichwörtern oder Redensarten geworden sind:

- Doch der Segen kommt von oben
- Doch mit des Geschickes Mächten ist kein ew'ger Bund zu flechten
- Drum prüfe, wer sich ewig bindet, ob sich das Herz zum Herzen findet
- Er zählt die Häupter seiner Lieben
- Wo rohe Kräfte sinnlos walten
- Da werden Weiber zu Hyänen
- Errötend folgt er ihren Spuren
- Gefährlich ist's, den Leu zu wecken
- Jedoch der schrecklichste der Schrecken, das ist der Mensch in seinem Wahn
- Der Mann muss hinaus ins feindliche Leben
- Von der Stirne heiß rinnen muss der Schweiß
- Der Wahn ist kurz, die Reu' ist lang
- Wehe, wenn sie losgelassen
- Alles rennet, rettet, flüchtet
- Das Auge des Gesetzes

Der Heavy-Metal-Umlaut

Der Heavy-Metal-Umlaut ist ein in angelsächsischen Namen willkürlich gesetzter Umlaut, den sich vor allem englische und amerikanische Heavy-Metal-Bands wie Motörhead, Blue Öyster Cult oder Mötley Crüe als Szenemerkmal zu eigen machten und der daher scherzhaft auch als röck döts bezeichnet wird.

14 Wortpalindrome

Als Palindrome bezeichnet man Buchstabenfolgen, also Wörter oder Sätze, die vorwärts und rückwärts gelesen denselben Sinn ergeben:

Uhu
Egge
Stets
Neffen
Rentner
Reittier
Marktkram
Regallager
Gnubelebung
Reliefpfeiler
Retsinakanister
Regelbasisableger
Dienstmannamtsneid
Lagertonnennotregal

Als längstes in der Alltagssprache gebräuchliche Wortpalindrom gilt das finnische Wort für Seifensteinverkäufer: *Saippuakauppias.*

30 deutsche Satzpalindrome

Bau ab!
Bau du ab!
Lesen Esel?
Heide gedieh.
Risotto, Sir?
Es eilt, Liese!
Namen nenne man!
Reue? Fegefeuer?
Einhorn roh? Nie!
Ein Esel lese nie.
Sei fein, nie fies.
Eine Blase salbe nie.
Reit nie tot ein Tier.
Otto sah' nen Has, Anna.
Ein Examen? Ne Maxe, nie!
Leben Sie mit im Eisnebel!
Die Rede – ist sie der Eid?
Die Liebe geht, hege Beileid!
Rettender Retter, red' netter.
Dein Grab, Reittier, barg Neid.
Neuer Dienst mag Amtsneid reuen.
Retten Nebel Rentnerleben netter?
In Nagold legen Hähne Geld, log Anni.
Ein Neger mit Gazelle zagt im Regen nie.
Trug Tim eine so helle Hose nie mit Gurt?
Die Liebe ist Sieger, rege ist sie bei Leid.
Vitaler Nebel mit Sinn ist im Leben relativ!
Niese fies, Nelli! Makellos solle Kamillenseife sein?
Nie, Knabe, nie, grub Nero neben Orenburg eine Bank ein!
Und nu …

… **ein englisches:** A man, a plan, a canal, Panama

Die Unwörter der Jahre 1991 bis 2011

1991	ausländerfrei	2002	Ich-AG
1992	ethnische Säuberung	2003	Tätervolk
1993	Überfremdung	2004	Humankapital
1994	Peanuts	2005	Entlassungsproduktivität
1995	Diätenanpassung	2006	Freiwillige Ausreise
1996	Rentnerschwemme	2007	Herdprämie
1997	Wohlstandsmüll	2008	notleidende Banken
1998	sozialverträgliches Frühableben	2009	betriebsratsverseucht
1999	Kollateralschaden	2010	alternativlos
2000	national befreite Zone	2011	Dönermorde
2001	Gotteskrieger		

15 Möglichkeiten, das Wort Konifere (Nadelbaum) falsch zu schreiben

Konnyphäre	Konifäre	Konniphäre	Koniphäre	Konyfäre
Konnyfäre	Konnyphere	Konyphere	Konniphere	Konnyfere
Konyfere	Konyphäre	Konnifere	Koniphere	Konnifäre

40 umgangssprachliche Bezeichnungen für Geld

Asche, Bares, Bimbes, Bims, Blech, Eier, Emmchen, Draht, Fleppen, Flieder, Flocken, Flöhe, Gerstel, Heu, Holz, Kies, Kohle, Koks, Knete, Knöpfe, Kröten, Lappen, Mammon, Marie, Mäuse, Maxen, Moneten, Moos, Möpse, Mücken, Peseten, Piepen, Penunzen, Pinke[pinke], Pulver, Schotter, Steine, Zaster, Zunder, Zwirn

Wir können alles – außer Hochdeutsch

Nur noch bei knapp einem Viertel der Westdeutschen und bei einem Drittel der Ostdeutschen ist laut einer Umfrage aus dem Jahr 2008 ein Dialekt die alltägliche Umgangssprache; 1991 lagen die Anteile noch bei 28 % bzw. 41 %. Allerdings gibt es bei den Dialektsprechern ein deutliches Nord-Süd-Gefälle. Während im Norden und Nordwesten Deutschlands nur etwa jeder Zehnte Dialekt spricht, geben 37 % der Sachsen und Thüringer, 33 % der Südwestdeutschen und 45 % der Bayern an, fast ausschließlich Dialekt zu sprechen.

Jiddisch im deutschen Wortschatz

Deutsch	Jiddisch
angeschickert	*schikern* = (Alkohol) trinken
betucht sein	*betuch* = sicher, vertrauenswürdig
Chuzpe	*chuzpe* = Frechheit, Dreistigkeit
Ganove	*ganew* = Dieb
Hals- und Beinbruch	*hazloche und broche* = Glück und Segen
koscher	*koscher* = rituell rein, ehrlich
Massel	*masl* = Schicksal, Glück
meschugge	*meschuge* = verrückt, tollwütig
Mischpoke	*mischpoche* = Familie
Reibach	*rewech* = Profit, Gewinn
Schickse	*schikße* = nichtjüdisches Mädchen
Schlamassel	*schlimasl* = Unglück, Pech
Schmiere	*schmire* = Wache
Schmonzes	*schmonzeß* = Blödsinn
schmusen	*schmueßn* = sich unterhalten, plaudern
Stuss	*schtuß* = Unsinn
Tacheles reden	*tachleß* = Zweck, Ziel
Zores	*zore* = Leid, Sorgen, Elend

Das Fugen-s

Unter einem Fugen-s versteht man jenes »s« zwischen zwei Teilen eines zusammengesetzten Wortes, das zunächst einmal der einfacheren Aussprache des Wortes dient, was leicht nachzuvollziehen ist: Man kombiniere beispielsweise das Wort *Leben* mit *-abend, -alter, -mittel, -lust* oder *-qualität* und spreche es einmal mit und einmal ohne das Fugen-s aus. Bei manchen Wortfügungen mag das Fugen-s einst ein Genitiv-s gewesen sein (des *Lebens Abend*), aber schon bei *Lebensalter* haut diese Erklärung nicht mehr so richtig hin. Es gibt zwar ein paar grobe Richtlinien, nach welchen Wortanfängen das Fugen-s steht, aber die Ausnahmen davon sind weitaus zahlreicher als die Regeln selbst. Und selbst hinter ein und demselben Wortanfang steht es manchmal, manchmal aber auch nicht: Wieso heißt es *Rindfleisch* und *Rindvieh,* aber *Rindsleder* und *Rindsroulade?* Gleiches gilt für *Kalbfleisch* (aber: *Kalbsbraten* und *Kalbsleber*), *Lammkeule* und *Lammfell* (aber: *Lammsgeduld*) oder *Schafherde* (aber: *Schafskäse*).
Ob ein Fugen-s stehen muss oder nicht, lässt sich in den meisten Fällen durch einfaches Aussprechen überprüfen. Aber immer kann man sich darauf nicht verlassen. Bei *Schafstall* wäre ein Fugen-s fehl am Platze, denn *Schaf-Stall* spricht sich leichter aus als *Schafs-Stall.* Man ist versucht zu glauben, dass dies ebenso für *Kalb-Steak* und *Kalbs-Steak* gilt und es demnach *Kalbsteak* heißen müsste. Aus unerfindlichen Gründen heißt es aber *Kalbssteak.*
In vielen Fällen lässt der Rechtschreibduden Schreibweisen mit und ohne Fugen-s zu: *Schafkopf* und *Schafskopf,* wobei die Variante mit Fugen-s im Norddeutschen eher verbreitet ist als im Süddeutschen oder Österreichischen oder gar im Behördendeutsch. Denn dort heißt der *Schafskäse* nämlich *Schafkäse.*

Wieso heißt es eigentlich …

* Nacht-stunde,	aber Mitternacht-*s*-stunde,
* Kauf-laune,	aber Einkauf-*s*-laune,
* Trieb-rad,	aber Antrieb-*s*-rad,
* Tag-träume,	aber Alltag-*s*-träume,
* Kehr-maschine,	aber Verkehr-*s*-maschine,
* Hof-tor,	aber Friedhof-*s*-tor,
* Leib-schmerzen,	aber Unterleib-*s*-schmerzen,
* Land-gericht,	aber Oberland-*es*-gericht,
* Bruch-gefahr,	aber Ausbruch-*s*-gefahr,
* Sicht-weise,	aber Ansicht-*s*-weise,
* Trieb-werk,	aber Betrieb-*s*-werk,
* Zeit-planung	aber Hochzeit-*s*-planung,
* Werk-zeug	aber Handwerk-*s*-zeug?

Schon einigermaßen seltsam, oder?

Ein hochdeutsches Wort für Brotanschnitt? Fehlanzeige!

Von *Aamündli, Bäätsch, Chnüssli* und *Fietze* über *Gnuscht, Gombel, Knabbel, Knörzje, Mäcksken* und *Ränftchen* bis *Sterzl, Tippchen, Utzelkäpp* und *Zipfeli* gibt es in den deutschsprachigen Landen zahllose regionale Ausdrücke für das Anfangs- (oder End-)stück des Brotlaibs; dokumentiert sind allein 350. Eine wirklich hochdeutsche Bezeichnung sucht man indessen vergeblich. Am ehesten kämen noch Kanten oder Brotkanten infrage, aber das erste bezeichnet der Duden als vorwiegend norddeutsch, und das zweite fehlt als Stichwort. Dafür kennt der Duden *Ränftchen* als einziges der oben genannten Wörter.

Steigerungsfähig

Für viele zusammengesetzte Adjektive existieren zwei verschiedene Möglichkeiten der Steigerung, ungeachtet irgendwelcher anders lautender Belehrungen, wonach man mehrteilige Attribute nicht »von hinten« steigern solle:

- Nur vorne gesteigert: *hochgestellt – höhergestellt – höchstgestellt*. Das funktioniert aber nicht bei *hochmütig*.
- Nur hinten gesteigert: Aus *hochmütig* wird nicht *höhermütig*, sondern *hochmütiger.* Das Gleiche gilt für *altmodisch, dichtmaschig, gutmütig, hochtrabend* oder *vielversprechend.*
- Vorne oder hinten gesteigert: *geringerwertig* oder *geringwertiger*. Das ist nicht nur im Komparativ, sondern auch im Superlativ möglich: *geringstwertig* oder *geringwertigst*.
- Vorne oder hinten gesteigert mit verschiedener Bedeutung: *Höher fliegend* sind Vögel, *hochfliegender* sind Pläne.
- Vorne und hinten gesteigert: Gelegentlich hört man (oder muss es sogar lesen!), dass ein zusammengesetztes Adjektiv vorne und hinten gesteigert wird. Aus einem *gutangezogenen* Moderator wird ein *bestangezogenster*, aus einer *vielgesprochenen* eine *meistgesprochenste* Sprache. Das ist schlechterdings falsch.

Der Unterschied zwischen dem richtigen Wort und dem beinahe richtigen ist derselbe wie zwischen dem Blitz und einem Glühwürmchen.

Mark Twain

13 häufige Fragen an die Duden-Sprachberatung

- Wie schreibt man **G 8-Gipfel** oder **G 8-Staat?** Möglich sind zwei verschiedene Schreibweisen: *G-8-Gipfel* und *G-8-Staat* bzw. *G8-Gipfel* und *G8-Staat.*
- Wie gliedert man **Mobilfunknummern?** Richtig (nach DIN) ist 0172 3701458 bzw. +49 172 3701458.
- Schreibt man **global** in **globale Erwärmung** groß oder klein? Klein, da es sich nicht um einen Eigennamen handelt.
- Heißt es Ende **diesen** oder **dieses Jahres?** Richtig ist: Ende *dieses Jahres.*
- Schreibt man in der Briefanschrift **Herr** oder **Herrn Max Mustermann?** Die Anschrift steht nach wie vor im Akkusativ und man schreibt *Herrn Max Mustermann.*
- Schreibt man **Gewinn- und Verlustrechnung** oder **Gewinn-und-Verlust-Rechnung?** Richtig ist *Gewinn-und-Verlust-Rechnung.*
- Heißt es **das neuste Werk des bekannten Autors** oder **Autoren?** Richtig ist *... des bekannten Autors.*
- Was ist richtig: **Es ist** oder **Es sind zwei Jahre her?** Es heißt *Es ist zwei Jahre her.*
- Heißt es **Drei-Gang-Menü** oder **Drei-Gänge-Menü?** Beides ist möglich.
- Wie lautet der Artikel von **Blog** bzw. **Weblog: der** oder **das**? Beides ist richtig: *das,* auch *der Blog* bzw. *Weblog.*
- Schreibt man **Herzlich willkommen** oder **Herzlich Willkommen?** *Willkommen* ist ein Adjektiv und wird daher kleingeschrieben.
- Schreibt man **email, e-Mail** oder **E-Mail?** Richtig ist *E-Mail.* Und heißt es *der, die* oder *das E-Mail?* Richtig ist *die E-Mail,* süddt. und österr. auch *das E-Mail.*
- Verwendet man in der Briefanschrift noch **zu Händen (z. Hd./z. H.)?** Nein, das ist nicht mehr üblich.

Charon, der Übersetzer, oder 15 Homografe

Homografe sind Wörter, die bei gleicher Schreibung unterschiedliche Bedeutungen haben und häufig unterschiedlich betont (unterstrichene Wortteile) bzw. ausgesprochen werden. Hier ein paar besonders schöne Beispiele von Homografen, die unterschiedlich betont werden oder an unterschiedlichen Stellen die Wortfuge aufweisen.

- **August:** August (Vorname) – August (Monat)
- **Beinhaltung:** Bein-Haltung – Be-Inhaltung
- **Druckerzeugnis:** Druck-Erzeugnis – Drucker-Zeugnis
- **durchkämmen:** durchkämmen (Haare kämmen) – durchkämmen (durchsuchen)
- **Gliedersatz:** Glieder-Satz – Glied-Ersatz
- **Gründung:** Gründ-ung – Grün-Dung
- **Heroin:** Heroin (Droge) – Heroin (Heldin)
- **Konstanz:** Konstanz (Beständigkeit) – Konstanz (Stadt am Bodensee)
- **modern:** modern (zeitgemäß) - modern (faulen)
- **Staubecken:** Stau-Becken – Staub-Ecken
- **Tenor:** Tenor (Singstimme) – Tenor (Sinn, Wortlaut)
- **übersetzen:** übersetzen (in eine andere Sprache übertragen) – übersetzen (ans andere Ufer gelangen)
- **umfahren:** umfahren (um etwas herumfahren) – umfahren (etwas fahrend umwerfen)
- **umgehen:** umgehen (etwas aus dem Weg gehen) – umgehen (mit jemandem Umgang haben)
- **Versendung:** Vers-Endung – Ver-sendung
- **Wachstube:** Wach-Stube – Wachs-Tube

Die längsten deutschen Wörter

Lange Wörter zu »erfinden«, ist nicht besonders schwer. Insofern lässt sich die Liste der längsten deutschen Wörter leicht toppen, wie etwa mit »Steuerentlastungsberatungsvorgesprächskoalitionsrundenvereinbarungen« (68 Buchstaben; aus der »Tageszeitung« vom 29. Mai 1997). Diese Bandwurmwörter sind individuelle, kreative Augenblicksbildungen, die man in der Regel aber nur einmal findet. Die Wörter, die es in die Top Ten der längsten Wörter geschafft haben, sind dagegen jeweils in mindestens vier unterschiedlichen Texten belegt. Es sind substantivische Zusammensetzungen, die vorwiegend aus der Rechts- und Verwaltungssprache oder aus dem naturwissenschaftlichen Sprachgebrauch stammen.

		Buchstaben
1.	Grundstücksverkehrsgenehmigungszuständigkeitsübertragungsverordnung	67
2.	Rindfleischetikettierungsüberwachungsaufgabenübertragungsgesetz	63
3.	Verkehrsinfrastrukturfinanzierungsgesellschaft	46
4.	Gleichgewichtsdichtegradientenzentrifugation	44
5.	Elektrizitätswirtschaftsorganisationsgesetz	43
6.	Verkehrswegeplanungsbeschleunigungsgesetz	41
7.	Hochleistungsflüssigkeitschromatographie	40
8.	Restriktionsfragmentlängenpolymorphismus	40
9.	Telekommunikationsüberwachungsverordnung	40
10.	Unternehmenssteuerfortentwicklungsgesetz	40

Neun Wörter, die bei gleichbleibender Bedeutung zwei Artikel haben können

maskulin/neutral:	der *oder* das Alcopop
	der *oder* das Terminal
	der *oder* das Virus
maskulin/feminin:	der *oder* die Abscheu
	der *oder* die Appendix
	der *oder* die Fussel
feminin/neutral:	die *oder* das Aerobic
	die *oder* das Consommé
	die *oder* das E-Mail

Die Vokale im Deutschen

Wie viele Vokale gibt es im Deutschen? Zunächst fallen einem die Vokale des lateinischen Alphabets ein, nämlich a, e, i, o und u. Und dann gibt es noch die deutsche Besonderheit der Umlaute (die man aber auch in den skandinavischen Sprachen, im Estnischen, im Ungarischen oder im Türkischen findet): ä, ö und ü. Und schließlich gibt es auch die Diphthonge, die Doppellaute au, ai, äu, ei, eu und ui. Da man die einzelnen Vokale nun aber unterschiedlich aussprechen kann – lang oder kurz, offen oder geschlossen –, gibt es im Deutschen, Dialekte eingeschlossen, sehr viel mehr gesprochene als geschriebene Vokale: insgesamt mehr als drei Dutzend. Eine genauere Zahl dieser sogenannten Phoneme lässt sich nicht angeben, da diese in Abhängigkeit von der Unterscheidungsfreudigkeit der einzelnen sprachwissenschaftlichen Bearbeiter ein wenig variiert.

Zwei Dutzend im Deutschen gebräuchliche Vokale, Umlaute und Diphthonge und wie sie ausgesprochen werden

Schreibung	Aussprache	Beispiel(e)
a	[a] (hell)	Ball
a, aa, ah	[a:] (hell)	Bad, Maat, Bahn
a	[ɑ] (dunkel)	Mantel
a	[ɑ:] (dunkel)	Pater
e	[ɛ]	Mett
e, ee, eh	[e:]	Met, Beet, Mehl
e	[ə]	Mitte
ä, äh	[æ]	Bär, Mähne
i	[ɪ]	bitte
i, ie	[i:]	Bibel, Biene
o	[ɔ]	Motte
o, oo, oh	[o:]	Mode, Moor, Mohr
ö	[œ]	Börse
ö, öh	[ø:]	böse, Böhmen
u	[ʊ]	Bus
u, uh	[u:]	Mut, Buhmann
ü	[ʏ]	Mücke
ü, üh, y	[y:]	müde, Mühle, Physik
au	[au]	Maus
ai, ei	[ai]	Mais, Bein
äu, eu, oi	[ɔy]	Mäuse, Beule, Boiler
ui	[ʊɪ]	pfui
eui	[œɪ]	Feuilleton
ay	[eɪ]	Essay

ässt sich nicht zweifelsfrei bestimmen.

Die Aussprache von Vokalen und Diphthongen in Fremdwörtern und Dialekten

In Fremdwörtern, vorrangig aus dem Englischen und Französischen, gibt es noch eine Reihe weiterer »Sprechvokale«:

Schreibung	Aussprache	Beispiel(e)
u	[ʌ]	Button
o, oa, ou, ow	[əʊ]	Poster, Coach, Soul, Bowling
ir	[ə:]	Girl
ai	[ɛ:]	fair
er	[ɐ]	Bulldozer
an	[ã]	Franc
um	[œ̃:]	Parfum
on	[õ]	Bonmot
on	[õ:]	Chanson
im	[ɛ̃:]	Timbre

Einige dieser »Sprechvokale« sind allerdings nicht auf Fremdwörter beschränkt, man findet sie auch in deutschen Dialekten. So enthält das Schwäbische *o'agnähm* [õ:'ã:gne:m] (Deutsch: *unangenehm*) mit dem nasalierten »o« [õ:] und dem nasalierten »a« [ã:] gleich zwei davon. Im Bairischen gibt es darüber hinaus etliche, häufig nasaliert gesprochene Diphthonge, deren Aussprache in der deutschen Schriftsprache keine Entsprechung hat, etwa das »ea« für »ei« *(gleana – kleiner)*, das »ia« für »ie« oder »ü« *(via – vier, miad – müde)*, das »oa« für »ei« *(zwoa – zwei)* oder das »ua« *(Bua – Bub)*. Alles in allem können im deutschen Sprachraum mehr als drei Dutzend unterschiedlich ausgesprochene Vokale unterschieden werden.

Sprachliche Neubürger mit Migrationshintergrund

Die deutsche Sprache hat eine Vielzahl von englischen Wörtern entlehnt – das ist altbekannt. Weniger bewusst ist uns, dass sich auch zahlreiche sprachliche Wendungen – wörtliche Übersetzungen aus dem Englischen oder Amerikanischen, die nicht auf Anhieb als Anglizismen zu erkennen sind – ins Deutsche eingeschlichen haben.

- *»... macht keinen Sinn«* (Engl. ... *makes no sense*) hat die (ursprüngliche) Wendung *»... ergibt keinen Sinn«* fast völlig verdrängt.
- Das Gleiche gilt für Wendungen mit *immer* wie *»immer wieder«* oder *»immer mehr«.* Öfter und öfter – sorry, immer öfter – hört und liest man statt dessen *»wieder und wieder«* oder *»mehr und mehr«* (Engl. *again and again, more and more*).
- *»... macht keinen Unterschied«* (Engl.... *makes no difference*) heißt es heute häufig für »... *ist kein Unterschied*«.
- Infinitivkonstruktionen wie *»... kaum zu finden«* (Engl. ... *hardly to find*) sind immer *häufiger zu sehen und zu hören* (anstelle von *»sieht und hört man immer häufiger«*).
- Für die Wendung *»nicht wirklich«* (Engl. *not really*) sagte man früher *»eigentlich nicht«.*

Versprecher

Bei einer normalen Sprechgeschwindigkeit von 120 bis 150 Wörtern in der Minute kommt es im Mittel alle 10 Minuten, d.h. alle 1000 Wörter, zu einem Versprecher. Rund die Hälfte davon korrigiert der Sprecher selbst, die übrigen übergeht er.

Alphabet Pepper

Ein englisches Mädchen bekam von ihren Eltern 26 Vornamen, die alle mit einem anderen Buchstaben des Alphabets beginnen: *Anna Bertha Cecilia Diana Emily Fanny Gertrude Hypatia Inez Jane Kate Louise Maud Nora Ophelia Prudence Quince Rebecca Sarah Teresa Ulysis Venus Winifred Xenophon Vetty Zeno* Pepper, kurz genannt Alphabet Pepper.

Aus dem Land unbegrenzter Vornamensfreiheit

Ebenfalls 26 Vornamen bekam ein US-amerikanisches Kind, das im Jahr 2007 geboren wurde und nun auf den Namen *Autumn Sullivan Corbett Fitzsimmuns Jeffries Hart Burns Johnson Willard Dempsey Tunney Schmeling Sharkey Carnera Baer Braddock Louis Charles Walcott Marciano Patterson Johansson Liston Clay Frazier Foreman* Brown hört. Seine Eltern waren ganz offensichtlich Boxfans.
Nur zwei Vornamen erhielt 1984 ein texanisches Mädchen, doch die waren mit 32 und 16 Buchstaben dafür um so länger: *Rhoshandiatellyneshiaunneveshenk Koyaanisqatsiuth* Williams. Wie die Eltern ihre Tochter wohl rufen?

Sechsmal e ohne andere Vokale ...

... haben die Wörter *entsetzenerregend* und *wettbewerbsverzerrend* sowie der Name der Schauspielerin *Renee Zellweger.*

Fünfmal a ohne andere Vokale ...

... haben die Wörter *Abrakadabra, Kanadabalsam, Panamakanal, Staatsanwaltschaft, Staatsapparat.* Nur der Prediger *Abraham a Santa Clara* hat mehr.

50 lautmalende Wörter

keuchen, brummen, tuckern, wimmern, rumpeln, gähnen, prasseln, heulen, lallen, scharren, donnern, girren, quäken, ächzen, knistern, gluckern, rauschen, schluchzen, schnarren, wiehern, zischen, rasseln, knallen, poltern, platschen, brodeln, rappeln, schnarchen, hauchen, röcheln, klirren, murmeln, krachen, rascheln, klappern, sprudeln, klatschen, summen, knacken, sausen, pfeifen, winseln, quietschen, brausen, krächzen, scheppern, wispern, rülpsen, knurren, lispeln

Wissenswerte Fakten über die Sprachen der Welt

- Die Zahl der Sprachen, die derzeit weltweit gesprochen werden, wird auf knapp 7000 geschätzt.
- Mehr als die Hälfte aller Sprachen hat heute weniger als 10 000 Sprecher und über ein Viertel wird von weniger als 1000 Menschen gesprochen.
- Rund 96 % aller Sprachen werden von gerade mal 4 % der Weltbevölkerung gesprochen. Die restlichen 270 Sprachen verteilen sich auf 96 % der Weltbevölkerung.
- In Europa gibt es heute ungefähr 150 Sprachen, 40 davon allein im Kaukasus.
- Die größte Sprachenvielfalt findet sich in Afrika und Asien – Spitzenreiter ist Papua-Neuginea mit allein 820 Sprachen.
- Nur etwa ein Drittel aller Sprachen hat eine Schrift, die meisten werden ausschließlich gesprochen.

Fünf Möglichkeiten, das »Ch« am Anfang eines Fremdworts auszusprechen

[k ...]:	Chaos, Chianti, Cholera, Chronik
[ç ...]:	Chinin, Chitin, Chemie, Chrysopras
[tʃ ...]:	Champion, Check, Chip, Choke, Chutney
[ʃ ...]:	Champignon, Chef, Chiffre, Chose
[x ...]:	Chassidisch, Chilbi, Chuzpe

20 fantasievolle Autonamen und was sie bedeuten

Suzuki **Alto**	ital. hoch
Suzuki **Baleno**	ital. Blitz
Honda **Civic**	engl. städtisch
Toyota **Corolla**	lat. Kränzchen
Daihatsu **Cuore**	ital. Herz
FIAT **Ducato**	ital. Herzogtum
Mitsubishi **Eclipse**	engl. Sonnenfinsternis
Daewoo **Espero**	ital. Abendstern
Renault **Evasion**	franz. Entweichen
Lancia **Flavia**	lat. die Blonde
Renault **Fuego**	span. Feuer
Subaru **Legacy**	engl. Vermächtnis
Volkswagen **Lupo**	ital. Wolf
FIAT **Marea**	ital. Seegang
Renault **Nevada**	span. Schneefall
Lada **Niva**	russ. Acker
Mitsubishi **Pajero**	span. Strohhändler, auch Wichser
Toyota **Paseo**	span. Spazierfahrt
Nissan **Pathfinder**	engl. Pfadfinder, eigtl. Spurensucher
Ford **Probe**	engl. Sonde

Gesprochen o und u. Und wie geschrieben?

Im Französischen gibt es mehr als ein Dutzend Möglichkeiten, wie ein gesprochenes *o* geschrieben werden kann. Und im Englischen ist es beim *u* genauso:

o im Französischen		u im Englischen	
au	aussi (auch)	ue	blue (blau)
aud	chaud (heiß)	oo	boot (Stiefel)
oc	croc (Haken)	oul	could (konnte)
eau	beau (schön)	ui	fruit (Frucht)
eaux	eaux (Wässer)	ew	grew (wuchs)
aut	faut (gemacht)	eu	leucocyte
aux	faux (Fehler)	u	pudding
os	gros (dick)	ou	route
ot	maillot (Trikot)	oe	shoe (Schuh)
o	photo	ough	through (durch)
op	trop (zu viel)	o	to (zu)
oo	zoo	wo	two (zwei)

70 Unisexvornamen

Namen, die sowohl männlich als auch weiblich sein können:
Ady, Aike, Alexis, Andrea, Bo, Camille, Conny, Chris, Dan(n)y, Dominique, Eike, Elia, Ellis, Francis, Gerrit, Gillian, Hansi, Heike, Helge, Henny, Jamie, Janne, Jo, Josy, Jona, Kai, Kaj, Kay, Kelly, Kersten, Kim, Kirsten, Kris, Lee, Leslie, Lois, Loren, Lorin, Lou, Lu, Luca/Luka, Micha, Mika, Mo, Nicki, Nicky, Nicola, Niki, Nikita, Nikola, Noa, Noel, Pat, Patrice, Ricki, Ricky, Robin, Ronny, Sammy, Sandy, Sidney, Sig(g)i, Tomke, Toni, Tony, Tracy, Uli, Ulli, Vivian, Vivien

Möglichkeiten, wie ein gesprochenes *o* geschrieben werden kann.

Kein Fremdwort für Fremdwort

Fremdwörter gibt es in jeder Sprache. Insofern sollte man annehmen, dass es ein international gebräuchliches Fachwort (in der Regel ein Fremdwort) für Fremdwort gibt, wie etwa Zoologie (engl. zoology, frz. zoologie, span. zoología, ital. zoologia usw.) für Tierkunde. Es gibt aber keines. Ausgerechnet für Fremdwort!

14 fehlgeschlagene Versuche, Fremdwörter zu verdeutschen ...

Die Kritik am Gebrauch von Fremdwörtern ist keineswegs neu. Bereits im 17. Jahrhundert hatte sie mit vielen Versuchen zur Verdeutschung von Fremdwörtern ihren ersten Höhepunkt. Manche dieser Bildungen setzten sich durch, andere erscheinen heute als sprachgeschichtliche Kuriositäten.

Fremdwort	Verdeutschungsversuch
Altar	Kirchentisch
Botaniker	Krautbeschreiber
Chemie	Scheidekunst
Elektrisierung	Blitzfeuererregung
Fenster	Tageleuchter
Ironie	Schalksernst
Mumie	Dörrleiche
Natur	Zeugemutter
Parodie	Spottnachbildung
Patriot	Leuthold
Pistole	Meuchelpuffer
Pyramide	Spitzgebäude
Religion	Gottestum
Sofa	Lotterbett

... und 28, die sich durchgesetzt haben und mittlerweile fest zum deutschen Wortschatz gehören

Fremdwort	Verdeutschung	Fremdwort	Verdeutschung
Adresse	Anschrift	*Mortalität*	Sterblichkeit
Apposition	Beifügung	*Nekrolog*	Nachruf
Autor	Verfasser	*Parvenü*	Emporkömmling
Bibliothek	Bücherei	*Passion*	Leidenschaft
Derivation	Ableitung	*Plenipotenz*	Vollmacht
Devise	Wahlspruch	*Pol*	Angelpunkt
Dialekt	Mundart	*progressiv*	fortschrittlich
Distanz	Abstand	*Republik*	Freistaat
Exkursion	Ausflug	*Rezension*	Besprechung
Fundament	Grundstein	*Supplikant*	Bittsteller
Horizont	Gesichtskreis	*Telefon*	Fernsprecher
Insekt	Kerbtier	*Testament*	Letzter Wille
Karikatur	Zerrbild	*Universum*	Weltall
Moment	Augenblick	*Zirkulation*	Kreislauf

Viele dieser deutschen Neubildungen sind als Synonyme neben die Fremdwörter getreten (z. B. *Distanz*/Abstand, *Universum*/Weltall, *Moment*/Augenblick, *Adresse*/Anschrift, *Rezension*/Besprechung, *Bibliothek*/Bücherei) und werden gleichbedeutend verwendet, während andere eine inhaltliche Veränderung erfahren haben und auf diese Weise einen Beitrag zur inhaltlichen oder stilistischen Bereicherung des entsprechenden Wortfeldes leisten konnten (z. B. *Zirkulation*/Kreislauf, *Karikatur*/Zerrbild, *Pol*/Angelpunkt, *Republik*/Freistaat). Wiederum andere haben das Fremdwort, zumindest aus dem alltäglichen Sprachgebrauch, fast völlig verdrängt (z. B. *Derivation*/Ableitung, *Plenipotenz*/Vollmacht, *Supplikant*/Bittsteller).

s Synonym neben das ältere Fremdwort getreten.

Drei Dutzend deutsche Begriffe und wie man heute zu ihnen sagt

Während in den vergangenen Jahrhunderten mehr oder weniger erfolgreich Fremdwörter durch Eindeutschungen ersetzt wurden, treten heute neben viele deutsche Wörter gleichbedeutende Anglizismen. So wurde aus dem Verlierer ein *Loser,* aus dem Schleuderpreis ein *Dumpingpreis.* Selbst altehrwürdige Fremdwörter wie *Trainer* wurden von diesem Trend nicht verschont; heute heißt ein solcher vielfach *Coach.*

Deutsches Wort	Anglizismus	Deutsches Wort	Anglizismus
Abgabetermin	*Deadline*	herunterladen	*downloaden*
Absturz	*Crash*	Hitliste	*Charts*
Aktualisierung	*Update*	Kennwort	*Password*
Ansehen	*Standing*	Kleidung	*Outfit*
Arbeitsablauf	*Workflow*	Lesezeichen	*Bookmark*
Auslagerung	*Outsourcing*	Merkmal	*Feature*
Aussehen	*Look*	Mitteilung	*Message*
Ausverkauf	*Sale*	Pauschalpreis	*Flatrate*
Auszeichnung	*Award*	Pause	*Break*
Besprechung	*Meeting*	Rangfolge	*Ranking*
Blickfang	*Eyecatcher*	Reißverschluss	*Zipper*
Erklärung	*Statement*	Schlagzeile	*Headline*
Fälschung	*Fake*	stornieren	*canceln*
Filmmusik	*Soundtrack*	unterweisen	*briefen*
Flugblatt	*Flyer*	Verabredung	*Date*
gestalten	*stylen*	Veranstaltung	*Event*
Grenze	*Limit*	Verkaufsstelle	*Outlet*
Handbuch	*Manual*	Wettbewerb	*Contest*

Der deutsche Mann – ein komisches Mischwesen

»Um bei den Artikeln der deutschen Sprache zu bleiben: Baum ist männlich, seine Knospen sind weiblich, seine Blätter sächlich; Pferde sind geschlechtslos; Hunde männlich; Katzen, auch wenn man Kater meint, weiblich; eines Menschen Mund, Nacken, Busen, Ellbogen, Finger, Fingernägel, Füße und Leib sind männlichen Geschlechts, der Kopf dagegen kann auch sächlich sein, wenn man dafür das Wort Haupt gebraucht. Es kommt dabei gar nicht auf das Geschlecht seines Trägers an. Infolgedessen haben die deutschen Frauen entweder männliche Köpfe oder geschlechtslose Häupter. Nase, Lippen, Schultern, Brüste, Hände, Hüften oder Zehen wiederum sind weiblichen Geschlechts; Haar, Augen, Ohren, Kinn, Beine, Knie, Herz und Gewissen haben dagegen gar kein Geschlecht. Vermutlich hat der Schöpfer dieser Sprache Gewissen nur vom Hörensagen gekannt.
Aus dieser Zergliederung geht hervor, dass, wer sich in Deutschland für einen ganzen Mann hält, bei näherer Betrachtung seine Zweifel daran hegen muss. Denn bei Licht besehen, entdeckt er sich als höchst komisches Mischwesen. Wenn er sich indessen schließlich mit dem Gedanken tröstet, dass wenigstens ein Drittel seines Gemengsels unzweideutig männlich ist, muss er sich doch schon im nächsten Augenblick wieder gestehen, dass er in dieser Beziehung nicht besser dran ist als jede Frau oder Kuh im Land.«

Mark Twain, Die schreckliche deutsche Sprache

Das Wort ist der Blitz, aber die Schrift ist der Einschlag, die Spur …

Erich Kästner

Anglizismen und Amerikanismen

Echte Anglizismen und Amerikanismen, also direkte Entlehnungen aus dem Englischen, finden sich bei uns in allen Lebenslagen und Sprachbereichen: *Boom, Hearing, Public Relations, Airbag, Management, Blackout, Know-how, Recycling, Smog, Paperback, Ghostwriter, Bluff, Slapstick, Freak, Patchwork, Pumps, Boiler, Sideboard, Bypass* oder *Babysitter* sind nur einige wenige Beispiele.
Manche dieser Entlehnungen kamen mit der Sache selbst ins Deutsche und füllten dort eine Wortlücke aus, wie etwa *Aerobic, Bluejeans, Surfen* oder *Skateboard.* Andere traten in Konkurrenz zu deutschen Wörtern und verdrängten sie schließlich, zum Beispiel *Säugling – Baby, Backfisch – Teenager, Steckenpferd – Hobby* oder *Dauerlauf – Jogging.*
Insgesamt machen die aus dem Englischen stammenden Fremdwörter etwa 4 % der Gesamtheit aller verwendeten Wörter aus.

60 Alternativen für das Schimpfwort Dummkopf

Armleuchter, Beutel, Bezirkstrottel, Blödian, Blödling, Boofke, Dalk, Dämel, Damian, Dämlack, Depp, Dodel, Dödel, Dolm, Doofkopp, Doofmann, Döskopp, Dummerjan, Dummian, Dussel, Einfaltspinsel, Esel, Fetzenschädel, Flachkopf, Gipskopf, Grützkopf, Gscherter, Hammel, Hohlkopf, Hornochse, Idiot, Jäckel, Kamel, Karnickel, Knallcharge, Knallkopf, Knallkopp, Mondkalb, Nulpe, Piesepampel, Pomuchelskopp, Rhinozeros, Rindvieh, Ross, Schaf, Schafskopf, Schafsnase, Schote, Schwachmat, Seckel, Simpel, Strohkopf, Tappschädel, Tepp, Tölpel, Trottel, Vollidiot, Weihnachtsmann, Kretin, Ochse

»Ich liebe dich« auf Europäisch

Bulgarisch	Обичам те *(Obicham te)*
Dänisch	**Jeg elsker dig**
Englisch	*I love you*
Estnisch	*Ma armastan sind*
Finnisch	*Rakastan sinuan*
Französisch	*Je t'aime*
Griechisch	Σ'αγαπώ *(S'agapó)*
Irisch	**Is breá liom tú**
Italienisch	**Ti amo**
Katalanisch	**T'estimo**
Kroatisch	*Volim te*
Lettisch	*Es tevi mīlu*
Litauisch	*Aš tave myliu*
Niederländisch	*Ik hou van jou*
Norwegisch	*Jeg elsker deg*
Polnisch	*Kocham cię*
Portugiesisch	*Eu te amo*
Rumänisch	*Te iubesc*
Russisch	Я люблю тебя *(Ja ljublju tebja)*
Schottisch	**Tha gradh agam ort**
Schwedisch	*Jag älskar dig*
Serbisch	Волим те *(Volim te)*
Slowakisch	**Lubim ta**
Slowenisch	**Ljubim te**
Spanisch	**Te quiero**
Tschechisch	Tě miluju
Türkisch	**Seni seviyorum**
Ukrainisch	Я люблю тебе *(Ja ljublju tebe)*
Ungarisch	**Szeretlek**
Walisisch	*Rwy'n dy garu*
Weißrussisch	Я кахаю цябе *(Ja kachaju ciabie)*

Zehn Wörter mit fünf aufeinanderfolgenden Vokalen

Fünf aufeinanderfolgende Vokale – mehr gibt es im Deutschen nicht –, sieht man einmal von lautmalenden Anlehnungen an die gesprochene Sprache mit Schreibungen wie »neeeeiin« oder »süüüüüüüß« ab:
Bioeier, Batterieeier, Donauauen, dreieiig, Niveauausgleich, Milieuaufklärer, Queueing, Teeeier, Treueeid, zweieiig

Die acht häufigsten Buchstaben unter den Stichwörtern des Rechtschreibdudens

1.	e	13,3 %
2.	n	8,3 %
3.	r	8,1 %
4.	i	7,4 %
5.	s	6,7 %
6.	t	6,6 %
7.	a	6,5 %
8.	l	5,0 %

Hinter **Enristal** werden die nächsten vier Plätz von **Hugo** mit 4,6 % (h), 3,9 % (u), 3,5 % (g) und 3,4 % (o) belegt. Am seltensten ist der Buchstabe »q« mit 0,08 %.
In ziemlich genau zwei Dritteln aller Stichwörter ist mindestens ein »e« enthalten, in gut der Hälfte ein »n«. Diese Zahlen sagen aber nichts über die Häufigkeit von Buchstaben in Texten oder in der gesprochenen Sprache, da dort bestimmte Wörter sehr oft vorkommen (der, die, es, sie, und, in) oder andere Formen, die so nicht im Wörterbuch stehen (Plurale, gebeugte Wörter).

15 ganz alltägliche Fremdwörter und ihre sprachliche Herkunft

Ananas	Guaraní
Anorak	Eskimo-Aleutisch
Bambus	Malaiisch
Basar	Persisch
Bumerang	Tharawal
Joghurt	Türkisch
Loipe	Norwegisch
Mais	Arawakisch
Marmelade	Portugiesisch
Pampelmuse	Niederländisch
Schokolade	Aztekisch
Shampoo	Hindi
Tee	Kantonesisch
Vampir	Serbokroatisch
Zigarre	Mayanisch

Guaraní ist neben Spanisch die Amtssprache in Paraguay und wird dort sowie im Südwesten Brasiliens und im Nordosten Argentiniens von der indianischen Volksgruppe der Guaraní gesprochen. **Tharawal** ist die Sprache des gleichnamigen, in New South Wales in Australien beheimateten Aborigine-Volks.

Unter dem Oberbegriff **Arawak(isch)** wird eine Gruppe von Sprachen zusammengefasst, die von der indigenen Bevölkerung im Norden Südamerikas gesprochen wird. **Kantonesisch** ist eine chinesische Sprache, die im Süden Chinas gesprochen wird und in Hongkong und Macau Amtssprache ist. **Mayanisch** ist die Sprache der in Mittelamerika beheimateten Maya.

Die Buchstaben der Völcker sind unzählig und der Engländer hat sein th in seinem ganzen Thun. Man kann ihm so wenig nachthun als nachsprechen.

Georg Christoph Lichtenberg

Schief übersetzt: falsche Freunde

Sie werden fachsprachlich als »Faux Amis« (frz. »falsche Freunde«) bezeichnet: jene misslungenen wörtlichen Übersetzungen, die darauf zurückzuführen sind, dass Wörter in zwei Sprachen gleich oder zumindest ähnlich klingen bzw. geschrieben werden, aber unterschiedliche Bedeutungen haben. Gerade bei Übersetzungen aus dem Englischen stolpert man häufig über diese falschen Freunde:

Das englische *actually* heißt nicht etwa *aktuell,* sondern so viel wie *eigentlich* oder *tatsächlich.*

Ein *physician* ist ein *Arzt* und nicht etwa ein *Physiker.* Letzterer heißt *physicist.*

Murder wird gern mit *Mörder* übersetzt, weil es sich ähnlich schreibt und fast genau so ausspricht. Es bedeutet aber *Mord,* der Mörder ist der *murderer.*

Silikon ist im Deutschen ein siliziumhaltiger Kunststoff, während das englische Wort *silicon* das Element *Silizium* bezeichnet.

Bei der Übersetzung des Wortes *billion* ist Vorsicht geboten. Amerikaner verstehen darunter tausend Millionen, also das, was für uns eine *Milliarde* ist; für Briten hat es dagegen dieselbe Bedeutung wie unsere *Billion.*

Die Bedeutung von *eventually* ist nicht etwa *eventuell* im Sinne von *möglicherweise, gegebenenfalls,* sondern *letztendlich.*

CAT – Computer-Aided Translation

Irren ist menschlich, aber wenn man richtig Mist bauen will, braucht man einen Computer. Der Erfinder dieses Spruches könnte bei der Anwendung eines Übersetzungsprogramms dazu inspiriert worden sein, denn wenn man sich einen Text mittels eines Computers übersetzen lässt, sind gelegentlich die absonderlichsten Ergebnisse die Folge. So kam bei der Übersetzung der Heimwerkerparole »Die Axt im Hause erspart den Zimmermann« ins Englische und wieder zurück ins Deutsche der Satz »Verschont die Axt im Haus des Zimmermanns« heraus, dessen Sinn mit dem des Ursprungstexts nun überhaupt nichts mehr gemein hat.

Zum Beispiel: Doch

Ein solches Wort kann man im Englischen lange suchen. In uralter deutscher Tradition ist es ein negatives Wort, das sich wie ein positives Wort anhört. »Doch« steht für die deutsche Lust an Widerspruch, Einspruch, Gerechtigkeitssinn, Sturheit und Verweigerung. Es beendet gnadenlos die kompliziertesten Argumentationsketten. Es ist die rhetorische Wunderwaffe, die immer noch funktioniert; es ist ein Joker, den man jederzeit ausspielen kann.
»Das letzte Stück Kuchen willst du nicht, oder?«
»Doch, doch.«
Um etwas auszudrücken wie: »Ich will dir nicht zu nahe treten, doch irgendwie riechst du komisch«, müssen wir Englischsprachigen gleich den viel platteren, negativen Begriff »aber« benutzen. »Doch« gibt dem Deutschen die Möglichkeit, »aber« zu sagen, ohne gleich negativ zu klingen.

Eric T. Hansen, Planet Germany

26 Beispiele für Anagramme

Anagramme sind Wörter (oder Sätze), die durch Umstellung der einzelnen Buchstaben eines Wortes (oder Satzes) gebildet werden. Pseudonyme von Schriftstellern sind häufig Anagramme ihrer wirklichen Namen. So schrieb Otto Flake auch unter dem Namen Leo F. Kotta.

abgeerntet – abgetreten – Gartenbeet
Achse – Asche – Sache
Achsel – Lachse – Lasche – Schale
alarmbereit – Erbmaterial
Algen – Angel – Nagel
Algerien – Anlieger – Galerien – Regalien
Ampel – Lampe – Palme
Anleger – Garnele – General
Arbeitskraft – Strafbarkeit
Beil – Blei – Leib – lieb
bereichern – Einbrecher
beteuern – betreuen – erbeuten
deportieren – torpedieren
Donner – Dornen – Norden
Eifersucht – Schufterei
einschreiten – einstreichen – technisieren
Eremit – Metier – Mieter
feiern – Ferien – Reifen
Fronteinsatz – Zitronensaft
Geier – Regie – Riege
Geisel – Gleise – Siegel
Grundbesitzerin – Zubringerdienst
Kantorei – Kreation – Kroatien – Reaktion
Karten – Nektar – Tanker
Nester – Sterne – Trense – Tresen
Ostern – Sorten – Tensor – rosten

20 Gedicht- und Strophenformen

Sonett, Gasel, Stanze, Distichon, Sestine, Triolett, Clerihew, Glosse, Romanze, Dithyrambe, Limerick, Ode, Haiku, Ballade, Epigramm, Terzine, Ritornell, Elegie, Rondeau, Hymne

30 Emoticons

Emoticons sind Zeichenfolgen, die aus Buchstaben, Zahlen und Satzzeichen zusammengesetzt sind. Sie sollen eine Mitteilung beim Chat im Internet, bei einer SMS oder auch bei einer E-Mail kommentieren bzw. die Gemütslage des Schreibers wiedergeben. Man kann damit eine im Wortlaut ernst klingende Nachricht beispielsweise durch »;-)« augenzwinkernd als ironisch gemeint relativieren.

:-)	Lächeln	:-,	Grinsen
:-)))	Gelächter	:-D	Lachen
(:-7	gequältes Lächeln	:-)'	Begeisterung
;-)	augenzwinkernd	%-)	schielen
:-p	Zunge rausstrecken	:*)	albern
:-&	bin sprachlos	:-C	unglaublich
:-/	skeptisch	:-\	unentschlossen
:-B	Grübeln	:-s	verstehe nicht
:/)	nicht witzig	:-|	ernst
:-(	traurig,unglücklich	:-<	sehr traurig
(:-&	wütend	(:-$	krank
:-e	enttäuscht	|-)	einschläfernd
:-0	Gähn!	;-*	Hoppla!
:-x	Küsschen	:-?	die Lippen lecken
8-)	bin Brillenträger	:<)=	bin Vollbartträger

ind häufig Anagramme ihrer wirklichen Namen.

Die Vokale in fünf europäischen Sprachen, geordnet nach ihrer Häufigkeit …

- Deutsch: e – i – a – u – o
- Englisch: e – a – o – i – u
- Französisch: e – a – i – u – o
- Spanisch: e – a – o – i – u
- Italienisch: e – a – i – o – u

Die vokalreichste dieser fünf Sprachen ist Italienisch – mit rund 48 % ist fast jeder zweite Buchstabe ein Vokal. Im Spanischen und Französischen machen die Vokale 45 bzw. 42 % aller Buchstaben aus, im Englischen und Deutschen ist ihr Anteil mit jeweils etwa 38 % nahezu identisch.

… und die zwölf in diesen Sprachen am häufigsten vorkommenden Buchstaben

Deutsch		Englisch		Französ.		Spanisch		Italien.	
	(%)		(%)		(%)		(%)		(%)
e	17,4	e	12,7	e	14,7	e	13,7	e	11,8
n	9,8	t	9,1	s	7,9	a	12,5	a	11,7
i	7,6	a	8,2	a	7,6	o	8,7	i	11,3
s	7,3	o	7,5	i	7,5	s	8,0	o	9,8
r	7,0	i	7,0	t	7,2	r	6,9	n	6,9
a	6,5	n	6,7	n	7,1	n	6,7	l	6,5
t	6,2	s	6,3	r	6,6	i	6,3	r	6,4
d	5,1	h	6,1	u	6,3	d	5,9	t	5,6
h	4,8	r	6,0	l	5,5	l	5,0	s	5,0
u	4,4	d	4,3	o	5,4	c	4,7	c	4,5
l	3,4	l	4,0	d	3,7	t	4,6	d	3,7
c	3,1	c	2,8	c	3,3	u	3,9	p	3,1

50 Bezeichnungen für den abgeknabberten Rest des Apfels

Schleswig-Holstein: Griebs, Grubsch, Apfelkantsch
Hamburg: Knust, Grupper, Grups
Mecklenburg-Vorpommern: Griebs, Gripsch, Grubsch
Niedersachsen: Appelpietschen, Apfelnüsse
Münsterland: Kitsche, Kippe, Krose
Rheinland: Apfelnürsel, Appelknüsel, Meubbes
Ruhrgebiet: Apfelkippe, Apfelnüssel
Westfalen: Hünkel, Hunkepiel, Apfelkinkel, Kröps
Sauerland: Apfelnüssel, Apfelschnüssel
Sachsen-Anhalt: Apfelpuler, Knabbel
Berlin-Brandenburg: Apfelgriebsch
Hessen: Abbelkrotze, Grütz
Thüringen: Apfelkrebs, Apfelschnerps, Schnirps
Sachsen: Abbelgriebsch, Abbelgriebs
Eifel: Aapelbaatz
Taunus: Krotze
Saarland: Gripsch, Grutze, Gnutze
Pfalz: Abbelgrutze, Grutz
Franken: Butzen, Griebs
Baden: Appelgrutze, Butze
Schwaben: Äpfelbutzen
Bayern: Opflibutzn, Apfelbutzn

Italienisch lernte ich, um mit dem Papst zu sprechen. Spanisch spreche ich mit meiner Mutter. Englisch mit meiner Tante. Deutsch zu meinem Pferd und Französisch zu mir selbst.

Karl V. (1500–1558), spanischer König, deutscher Kaiser

Man spricht, wie man schreibt, oder?

Einer der Hauptvorzüge des Deutschen ist, dass man es spricht, wie man es schreibt – im Gegensatz zum Englischen. Das Wort »nature« wird dort ['neɪtʃər] ausgesprochen, das Wort »mature« (reif) dagegen [mə'tjʊə]. Aus solchen Gründen bezeichnete der große Spötter George Bernard Shaw die englische Orthografie als »eine der größten Versündigungen wider den gesunden Menschenverstand« und lieferte gleich ein Beispiel für diese Anschuldigung: Das Wort *fish* könne man genauso gut *ghoti* schreiben, da man *gh* als *f* aussprechen könne wie in »to laugh«, das *o* als *i* wie in »women« und *ti* als *sh* wie in »nation«.

Solche Mehrdeutigkeiten gibt es im Deutschen nicht. Abgesehen von der Betonung der falschen Silbe kann man ein geschriebenes deutsches Wort kaum falsch aussprechen – mit einer Ausnahme: Ortsnamen. Denn bei diesen haben sich, insbesondere im Nordwesten Deutschlands, einige überkommene orthografische Besonderheiten erhalten, wie etwa das Dehnungs-e nach *a, o* und *u,* das es ansonsten nur noch nach *e* wie in »Seele« und *i* wie in »viel« gibt. In Ortsnamen wie Kevelaer, Baesweiler oder Raesfeld wird das *ae* daher als langes *a* ausgesprochen, das *ue* in Bernkastel-Kues als langes *u* und das *oe* in Coesfeld, Bad Oldesloe, Itzehoe, Oer-Erkenschwick oder Soest wie als langes *o*. Verlassen kann man sich darauf aber nicht. So wird das *ue* in Uetersen oder Uelzen wie *ü* ausgesprochen. Das *oe* in Moers, Bad Oeynhausen, Voerde, Oelde, Oelsnitz oder Oerlinghausen spricht man wie *ö* und in Buchloe wie *oë*. Eine weitere historische Besonderheit ist das Dehnungs-i in Ortsnamen wie Grevenbroich, Troisdorf oder Korschenbroich. Das *oi* wird hier nicht wie im Wort »Boiler« gesprochen, sondern als langes *o.*

Das schönste deutsche Wort …

… wurde 2004 im Rahmen eines vom Deutschen Sprachrat initiierten internationalen Wettbewerbes gekürt. Die folgenden Wörter wurden aus 22 838 Einsendungen aus 111 Ländern ausgewählt:

1. *Habseligkeiten*
2. *Geborgenheit*
3. *lieben*
4. *Augenblick*
5. *Rhabarbermarmelade*

Die im Inland wie im Ausland am häufigsten genannten Wörter waren *Liebe* – Spitzenreiter in Bulgarien, Österreich, der Schweiz und Slowenien – und *Gemütlichkeit* – auf Platz 1 in den USA. In Finnland und Polen waren es *Vergissmeinnicht*, in Frankreich und Italien *Sehnsucht* und in den Niederlanden *Fingerspitzengefühl*.

Das schönste bedrohte Wort …

… wurde 2007 aus insgesamt 2982 Einsendungen ausgewählt, unter denen *Backfisch*, *hanebüchen* und *Sommerfrische* die am meisten genannten waren:

1. *Kleinod*
2. *blümerant*
3. *Dreikäsehoch*
4. *Labsal*
5. *bauchpinseln*
6. *Augenstern*
7. *fernmündlich*
8. *Lichtspielhaus*
9. *hold*
10. *Schlüpfer*

Kofferwörter

Unter einem Kofferwort versteht man eine Wortneubildung, bei der durch Verschmelzung von zwei Wortsegmenten ein inhaltlich neuer Begriff entsteht. Es wird fachsprachlich auch als Portmanteau bezeichnet, abgeleitet vom französischen Wort für Kleiderständer, einer Zusammenziehung von porter (tragen) und manteau (Mantel).

- Bionik (aus **Bio**logie und Tech**nik**)
- Bollywood (aus **Bo**mbay und H**ollywood**)
- Brunch (engl., aus **br**eakfast und l**unch**)
- Demokratur (aus **Demokra**tie und Dikta**tur**)
- Denglisch (aus **De**utsch und E**nglisch**)
- Franglais (frz., aus **Fran**çais und An**glais**)
- Motel (aus **Mo**tor und Ho**tel**)
- Smog (engl., aus **sm**oke und f**og**)

Wörter auf -ie

Auf *-ie* endende Wörter werden entweder mit einem hörbaren *e*, also wie *-iё*, oder nur mit einem langen *i* ausgesprochen.

mit hörbarem *e*: Aktie, Bestie, Dahlie, Familie, Hostie, Immobilie, Knie (im Plural), Linie, Mumie, Prämie, Serie, Zeremonie

mit langen *i*: Chemie, Elegie, Fantasie, Garantie, Genie, -grafie, Knie, Kolonie, -logie, Partie, Phobie, Zeremonie

Zeremonie ist eines der seltenen Wörter, die sowohl mit hörbarem *e* (Zeremoniё) als auch mit langen *i* (Zeremonie) ausgesprochen werden können. Knie kann ebenfalls auf beide Arten ausgesprochen werden; mit hörbarem *e* steht es im Plural, mit langem *i* kann es Singular oder Plural sein.

Fünf Wörter mit zwei verschiedenen Aussprachen trotz gleicher Bedeutung …

Jazz – Jats oder Dschäs
Lotion – Lozion oder Louschn
Pension – Pension oder Pangsion
Revers – Revers oder Rewähr
Zylinder – Zilinder oder Zülinder

… und fünf Wörter mit unterschiedlicher Bedeutung bei unterschiedlicher Aussprache

Gros – Groo (Hauptteil) oder Gros (zwölf Dutzend)
Hochzeit – Hochzeit (Heirat) oder Hoochzeit (Höhepunkt)
Promotion – Promotion (Verleihung der Doktorwürde) oder Promouschn (Förderung durch Werbung)
Restauration – Restauration (Wiederherstellung) oder Restoration (Gastwirtschaft)
Service – Serwies (Geschirr) oder Sörwis (Kundendienst)

Fünf Möglichkeiten, Abkürzungen auszusprechen

- Buchstabe für Buchstabe: ADAC, DAG, GEZ, LSD
- Buchstabe für Buchstabe oder als Wort: FAZ, GUS
- als Akronym, d. h. immer als Wort: Aids, DAX®, GEMA, Nato, PIN, Sonar, TÜV, Ufo
- immer in der Langform und nie als Abkürzung: Abk., Dr., jr., MWSt, Nr., sog., z. T.
- der erste Buchstabe gesondert, der übrige Teil als Wort: KFOR, WLAN

Übrigens: Die Abk. für abkürzen ist abk.

ortsegmente zu einem inhaltlich neuen Begriff.

Latein im Alltag

ad absurdum	bis zur Widersinnigkeit
ad hoc	aus dem Stegreif
ad infinitum	bis ins Unendliche
Anno Domini	im Jahr des Herrn
a priori	von vornherein
bona fide	guten Glaubens
Casus Belli	Kriegsgrund
Circulus vitiosus	Zirkelschluss
Corpus Delicti	Tatgegenstand, Beweisstück
de facto	tatsächlich
de jure	von Rechts wegen
eo ipso	eben dadurch, selbstverständlich
ex officio	von Amts wegen
expressis verbis	wörtlich
honoris causa	ehrenhalber
in flagranti	auf frischer Tat
in medias res	unmittelbar zur Sache
in praxi	in der Praxis
in puncto	hinsichtlich
Modus Operandi	Art und Weise des Handelns
mutatis mutandis	mit den nötigen Änderungen
per pedes	zu Fuß
Persona non grata	unerwünschte Person
post mortem	nach dem Tod
pro forma	der Form wegen, zum Schein
semper idem	immer derselbe, dasselbe
Status quo	gegenwärtiger Zustand
summa summarum	alles in allem
Terminus technicus	Fachausdruck
vice versa	umgekehrt

Die Buchstabenanzahl der lateinischen Alphabete einiger Sprachen

Das lateinische Grundalphabet besteht bekanntlich aus den Buchstaben A, B, C, D, E, F, G, H, I, J, K, L, M, N, O, P, Q, R, S, T, U, V, W, X, Y, Z. In einigen Sprachen werden jedoch nicht alle dieser 26 Buchstaben verwendet.

Sprache	nicht verwendet werden
Gälisch	J, K, Q, V, W, X, Y, Z
Italienisch	J, K, W, X, Y
Isländisch	C, Q, W, Z
Estnisch	Q, W, X, Y
Latein	J, U, W
Rumänisch	Q, W, Y
Ungarisch, Türkisch Tschechisch	Q, W, X
Polnisch	Q, V, X
Maltesisch	C, Y
Schwedisch	W

Die Buchstabenanzahl in nichtlateinischen Alphabeten

- Hebräisch: 22
- Griechisch: 24
- Arabisch: 28
- Persisch: 32
- Armenisch: 38
- Russisch: 33
- Japanisch: 50

Pluralformen

Im Englischen und Französischen wird der Plural durch einfaches Anhängen von *-s* an den Singular gebildet (the house – the houses bzw. la maison – les maisons), von einigen wenigen Sonderfällen (the mouse – the mice bzw. le cheval – les chevaux) abgesehen. Im Deutschen dagegen hat man mit rund einem Dutzend Pluralformen zu kämpfen, und da sind jene von manchen Lehn- und Fremdwörtern noch nicht einmal mitgezählt:

- unverändert: der Besen – die Besen
- mit Umlaut: der Boden – die Böden
- mit *-e*: der Berg – die Berge
- mit *-e* und Umlaut: der Ball – die Bälle
- mit *-n*: die Bude – die Buden
- mit *-en*: die Bahn – die Bahnen
- mit *-er*: das Brett – die Bretter
- mit *-er* und Umlaut: das Bad – die Bäder
- mit *-se*: das Bündnis – die Bündnisse
- mit *-ten*: der Bau – die Bauten
- mit *-s*: das Büro – die Büros

Die Pluralformen mit *-ten* und *-s* sind bei deutschen Wörtern selten. Während *-ten* nur in Verbindung mit *-bau* vorkommt, ist *-s* fast ausschließlich auf Fremd- und Lehnwörter beschränkt. Natürlich gibt es auch irreguläre Pluralformen, etwa Saal – Säle, Sporn – Sporen, Kirmes – Kirmessen oder Kleinod – Kleinodien. Zu diesen »deutschen« Pluralformen treten noch mindestens einmal ebenso viele bei bestimmten Fremdwörtern:

-a (Visum – Visa), *-een* (Kaktus – Kakteen), *-era* (Opus – Opera), *-i* (Modus – Modi), *-ien* (Material – Materialien), *-ina* (Nomen – Nomina), *-izes* (Index – Indizes), *-nten* (Atlas – Atlanten), *-ta* (Komma – Kommata), *-te* (Klima – Klimate) und weitere.

15-mal doppelte Pluralform mit jeweils unterschiedlicher Bedeutung

die Mutter	die Mütter [Elternteile] die Muttern [Schraubenteile]
der Druck	die Drucke [gedruckte Werke] die Drücke [physikalisch, z. B. Luftdrücke]
die Bank	die Bänke [Sitzmöbel] die Banken [Finanzinstitute]
der Block	die Blöcke [z. B. Felsblöcke] die Blocks [z. B. Wohnblocks]
das Wort	die Worte [Aussprüche, Äußerungen] die Wörter [Einzelwörter]
der Flur	die Flure [z. B. Hausflure] die Fluren [z. B. Feldfluren]
der Ort	die Orte [Ortschaften] die Örter [Abbaustrecken im Bergbau]
der Knick	die Knicke [Falten, scharfe Krümmungen] die Knicks [Hecken]
der Strauß	die Strauße [Vögel] die Sträuße [Blumen]
der Balg	die Bälge [Tierfelle] die Bälger [ungezogene Kinder]
das Horn	die Horne [Hornarten] die Hörner [z. B. Kuhhörner]
der Bau	die Baue [z. B. Fuchsbaue] die Bauten [z. B. Neubauten]
der Star	die Stare [Vögel] die Stars [berühmte Personen]
der Ton	die Tone [Erd-, Gesteinsarten] die Töne [Klänge]
der Spund	die Spünde [Fassverschlüsse] die Spunde [junge Männer]

nem Dutzend Pluralformen zu kämpfen.

Vier Pluralformen bei einem Wort

Das Wort »Band« kann nicht nur alle drei Artikel aufweisen, sondern kommt in Abhängigkeit von seiner Bedeutung darüber hinaus noch in vier verschiedenen Pluralformen vor:
das Band – die Bänder (z. B. Tonbänder)
das Band – die Bande (z. B. Familienbande)
die Band – die Bands (z. B. Rockbands)
der Band – die Bände (z. B. Buchbände)

Euphemismen

Euphemismen sind beschönigende, aufwertende, mäßigende oder verhüllende Umschreibungen von Wörtern und Ausdrücken, die anstößig oder tabuisiert sind, nicht der *Political Correctness* entsprechen oder in ihrer Bedeutung als zu negativ empfunden werden.

Anstelle von …	… ist oft die Rede von
Abriss	Rückbau
Abtreibung	Schwangerschaftsabbruch
Altersheim	Seniorenresidenz
auf die Toilette gehen	sich frisch machen
dick	kräftig gebaut
Entlassung	Freisetzung
Verteuerung	Preisanpassung
gestorben	entschlafen
Kriegseinsatz	Friedensmission
künstlich	naturidentisch
Mülldeponie	Entsorgungspark
schwitzen	transpirieren
Selbstmord	Freitod
teuer	hochpreisig

Y wie Ypsilon

Das Y ist ein Buchstabe, auf den man im Deutschen eigentlich ganz gut verzichten könnte. Abgesehen von einigen Entlehnungen jüngeren Datums gibt es kein einziges deutsches Erbwort, das mit Y beginnt, Eigennamen einmal ausgenommen, und auch sonst ist das Y ein ziemlich seltsamer Buchstabe, mal Konsonant, mal Vokal.

Am Wort- oder Silbenanfang verhält es sich meist wie ein Konsonant und steht anstelle des J, etwa in *Yacht, Yoga* oder *Mayonnaise* – Wörter, die man allesamt auch mit J schreiben kann. Im Wortinnern als Teil eines Diphthongs steht es für i. *Bayrisch* und *bairisch* sind sprachlich (wenn auch nicht inhaltlich) das Gleiche, und Herr *Mayer* oder Frau *Meyer* könnten sich ebenso gut *Maier* oder *Meier* schreiben, phonetisch wäre kein Unterschied.

Überhaupt sorgt das Y nur für Verwirrung. Spricht man es als »i« aus wie in *Ysop* (ein Gewürzkraut) und in *Syke* (eine Stadt in Niedersachsen) oder wie »ü« in *Sylt* und in *Pyromane?*

Mal ehrlich: Das Y könnte man abschaffen, gäbe es da nicht eine Unmenge Fremdwörter aus dem Englischen mit diesem Buchstaben, beispielsweise Gully, Synthesizer, Cyberspace oder Youngster, bei denen das y – wie könnte es auch anders sein – wie ein i, ein ü, ein ai oder ein j ausgesprochen wird.

Die Sprache ist dem Menschen gegeben, um seine Gedanken zu verbergen.

Charles-Maurice de Talleyrand

[Und häufig kann man sich des Gedankens nicht erwehren, dass bei manchen Menschen die Sprache nur dazu dient, zu verbergen, dass sie überhaupt keine Gedanken haben.]

24 häufig gebrauchte SMS-Kürzel

Eine SMS sollte kurz, aber dennoch verständlich sein. Das geht am besten mit einer Kürzelsprache aus Buchstaben und Zahlen, wofür sich das Englische besonders gut eignet:
2 B or not 2 B, Sein oder Nichtsein – kürzer geht es kaum.

SMS-Kürzel	soll heißen
5min2late	verspäte mich um 5 Minuten (5 minutes too late)
2l8	zu spät (too late)
4fr	für immer (for ever)
4u	für dich (for you)
akla	alles klar?
asap	so bald wie möglich (as soon as possible)
bb	bis bald (bye bye)
btw	übrigens (by the way)
cola	komme später (come later)
cu	tschüss (see you)
cul8er	wir sehen uns später (see you later)
dubido	du bist doof
fyi	zu deiner Information (for your information)
g&k	Gruß und Kuss
gn8	gute Nacht (good night)
hdgdl	hab dich ganz doll lieb
hegl	herzlichen Glückwunsch
ild	ich liebe dich
j4f	nur zum Spaß (just for fun)
lol	lauthals lachen (laughing out loud)
me2	ich auch (me too)
t+	denke positiv (think positive)
thx	danke (thanks)
ic	ich verstehe (I see)
4yeo	privat (for your eyes only)

»Pragmatisch« stand früher für geschäftskundi

Neun klangvolle Autonamen, die gleichwohl keine inhaltliche Bedeutung haben

- Citroën **Berlingo**
- Toyota **Celica**
- Volkswagen **Corrado**
- Renault **Mégane**
- Ford **Mondeo**
- Nissan **Terrano**
- Renault **Twingo**
- Opel **Vectra**
- Suzuki **Vitara**

15 Fremdwörter, die aus der Mode gekommen sind oder heute in anderer Bedeutung verwendet werden

	veraltete Bedeutung	heutige Bedeutung
superstitiös	abergläubisch	
Generalität	Allgemeinheit	Gesamtheit der Generale
spektabel	ansehnlich	
Molestierung	Belästigung	
Portefeuille	Brieftasche	Wertpapierbestand
suszeptibel	empfindlich	
pragmatisch	geschäftskundig	anwendungsbezogen
Kollaborator	Hilfslehrer	
Cockpit	Kampfplatz	Pilotenkabine
Utilität	Nützlichkeit	
Quieszenz	Ruhestand	
Subsellien	Schulbänke	
Malefikant	Straftäter	
engagieren	zum Tanz auffordern	unter Vertrag nehmen
subhastieren	zwangsversteigern	

27 Beispiele für Wörter mit vier aufeinanderfolgenden Vokalen

aiia: hawaiianisch	**euau:** Neuausgabe
aiii: Hawaiiinsel	**euei:** Neueinstellung
auau: Bauaufsicht	**ieau:** Prärieauster
auäu: grauäugig	**iaue:** miauen
auei: Blaueisenerz	**ieei:** Lotterieeinnehmer
auie: tatauieren	**ieia:** Hygieia
eauu: Nieveauunterschied	**iuea:** niueanisch
eeaa: Seeaal	**oiai:** pistoiaisch
eeei: armeeeigen	**oiae:** Pistoiaer
eeeu: Schneeeule	**ouie:** desavouieren
eiau: Parteiausweis	**ueue:** Queue
eiei: beieinander	**uieu:** Montesquieu
eieu: Zweieurostück	**uoia:** Sequoia
eoau: Videoaufzeichnung	

Die zehn längsten Stichwörter im Duden

Stichwort	Buchstaben
Kraftfahrzeug-Haftpflichtversicherung	36
Donau-Dampfschifffahrtsgesellschaft	34
Rhein-Main-Donau-Großschifffahrtsweg	33
Arbeiterunfallversicherungsgesetz	33
Bundesausbildungsförderungsgesetz	33
Straßenverkehrs-Zulassungs-Ordnung	32
Behindertengleichstellungsgesetz	32
Steuervergünstigungsabbaugesetz	31
Nahrungsmittelunverträglichkeit	31
Lebensversicherungsgesellschaft	31

Volksetymologien

Volksetymologien entstehen, wenn ein Wort nicht oder nicht mehr verstanden wird, weil es aus einer fremden Sprache stammt oder weil es veraltet ist. Dann wird dieses Wort nach und nach in ein lautlich ähnliches Wort umgebildet, das jedoch einen scheinbar anderen Sinn hat.

Der **Friedhof**, auch wenn hier die Verstorbenen in Frieden ruhen, hat nichts mit *Frieden* zu tun, sondern leitet sich vom Althochdeutschen *frīthof* ab, dem *eingefriedeten* (abgegrenzten) Vorhof einer Kirche.

Im Mittelhochdeutschen hieß der **Maulwurf** noch *moltwerf* (Erdwerfer) nach dem Wort *molt* (Erde, Staub). Als der Bestandteil *-molt* in seiner Bedeutung ausstarb, wurde aus *moltwerf* über *mūlwerf* der heutige Maulwurf.

Die **Schnapsdrossel** ist nicht etwa die Schwester des Schluckspechts – mit den Vögeln hat sie nichts zu tun. Der Name kommt vielmehr von *Drossel* (Kehle), von der sich auch das Wort *erdrosseln* ableitet.

Windschief leitet sich nicht vom *Wind,* sondern von *winden* (drehen, verdrehen) ab. Ein *windschiefer* Baum ist nicht vom Wind schief geweht, sondern verdreht gewachsen.

Der **Pleitegeier** hat nichts mit dem aasfressenden Geier zu tun, sondern ist ein *Pleitegeher* und geht auf das Jiddische *-geier* für *-geher* zurück.

Das Adjektiv **mausetot** leitet sich ursprünglich von *mursdot* ab. Im Niederdeutschen bedeutete *murs* vollständig oder gänzlich. In Anlehnung an *mūs* (Maus) entstand über *mūsdōd* die heutige Bedeutung »tot wie eine Maus«.

Der **Wahnsinn** geht nicht auf den *Wahn* zurück, sondern leitet sich aus dem (mittlerweile ausgestorbenen) althochdeutschen Adjektiv *wan* (leer, fehlend) ab und bedeutet etymologisch »fehlender Sinn«.

22 bekannte Eponyme

Unter einem Eponym versteht man einen Eigennamen als eigenständigen Begriff oder als Gattungsbezeichnung:

Alois Alzheimer	Alzheimer (Krankheit)
André Marie Ampère	Ampere (physikal. Einheit)
Louis de Béchamel	Béchamelsoße
Otto von Bismarck	Bismarckhering
Charles C. Boykott	Boykott
Louis Braille	Braille (Blindenschrift)
Wilhelm August von Cumberland	Cumberlandsoße
Edward Stanley, 12. Earl of Derby	Derby (Pferderennen)
Rudolf Diesel	Diesel (Treibstoff)
Carl Friedrich Drais von Sauerbronn	Draisine (Zweirad)
Konrad Duden	Duden (Rechtschreibung)
Sebastian Kneipp	Kneippkur
Adolph Franz Friedrich Freiherr Knigge	Knigge (Buch über Umgangsformen)
Nellie Melba	Pfirsich (und Toast) Melba
James Parkinson	Parkinson (Krankheit)
Conrad Wilhelm Röntgen	Röntgenstrahlen
Franz Sacher	Sachertorte
John Montagu, 4. Earl of Sandwich	Sandwich (belegte Weiß-brotscheibe)
Daniel Gottlob Moritz Schreber	Schrebergarten
Etienne de Silhouette	Silhouette (Umriss)
James Watt	Watt (physikal. Einheit)
Ferdinand von Zeppelin	Zeppelin (Luftschiff)

Vorsilben in Fremdwörtern und was sie bedeuten

aus dem Griechischen		aus dem Lateinischen	
a-	miss-, un-	*ambi-*	doppelt
akro-	oberst, äußerst	*ante-*	vor
ana-	wieder	*con-*	zusammen, mit
anti-	gegen	*de-*	herab, weg
apo-	weg ... von	*dis-*	auseinander, un-
dia-	durch, zwischen	*ex-*	aus, heraus
ekto-	außen, außerhalb	*extra-*	außen
endo-	innen, innerhalb	*in-*	un-, nicht-
exo-	außen, außerhalb	*infra-*	unterhalb
hyper-	über, oberhalb	*inter-*	zwischen
hypo-	unter, unterhalb	*intra-*	innerhalb
kata-	von, herab	*intro-*	hinein
meta-	dahinter, danach	*kontra-*	gegen, gegenüber
mono-	allein, einzeln	*per-*	durch
ortho-	richtig, wahr	*retro-*	rückwärts
para-	neben, bei	*sub-*	unten, unterhalb
peri-	um ... herum	*super-*	über, darüber
poly-	viel	*supra-*	oben, oberhalb
pro-	vor, für	*trans-*	hindurch, hinüber
syn-	zusammen, mit	*ultra-*	jenseits

An der Spitze aller Kultur steht ein geistiges Wunder: die Sprachen ...

Jakob Christoph Burckhardt (1818–1897), Schweizer Humanist und Kulturhistoriker

Einige seltener gehörte Sprachen

Sprache	gesprochen in	Sprecher
Susu	Guinea	900 000
Kobborol	Indien	800 000
Mordwinisch	Russland	750 000
Bachtiarisch	Iran	600 000
Chabacano	Philippinen	600 000
Lozi	Sambia	600 000
Adygeisch	Kaukasus	500 000
Mizo	Indien	500 000
Udmurtisch	Russland, Kasachstan	450 000
Mapudungun	Chile	440 000
Dhivehi	Malediven	300 000
Gagausisch	Moldawien	250 000
Khowar	Pakistan	250 000
Tuwinisch	Russland	200 000
Mazahua	Mexiko	135 000
Dzongkha	Bhutan	130 000
Lakisch	Kaukasus	120 000
Tok Pisin	Papua-Neuguinea	120 000
Abchasisch	Kaukasus	100 000
Chamorro	Polynesien	75 000
Kuka	Tschad	75 000
Kalaallisut	Grönland	60 000
Salarisch	China	50 000
Abasisnisch	Kaukasus	45 000
Nheengatu	Brasilien	< 30 000
Wallisiansisch	Polynesien	> 20 000
Choctaw	USA	9 000
Wepsisch	Russland	9 000
Amarakaeri	Peru	500

Amarakaeri ist eine Sprach

Buchstabengeometrie

Von den Großbuchstaben des Alphabets haben

C, O, S	nur gebogene Linien,
B, D, G, J, P, Q, R, U	Bögen und Linien,
A, B, D, O, P, Q, R	eine umschlossene Fläche
und sind	
A, E, H, K, Q, T, X, Y	nicht in einem Zug zu schreiben,
F, G, J, L, P, Q	nicht symmetrisch,
H, I, O, X	spiegelsymmetrisch und drehsymmetrisch,
N, S, Z	nur drehsymmetrisch,
C, D, I, L, M, V, X	römische Zahlzeichen.

Ellipse, Parabel und Hyperbel

In der Mathematik werden sie unter dem Oberbegriff Kegelschnitte zusammengefasst, doch darüber hinaus sind Ellipse, Parabel und Hyperbel auch Begriffe aus dem weiten Feld der Sprachwissenschaft.

Als **Ellipse** wird das Weglassen eines Satzgliedes bezeichnet, welches aus dem Sinnzusammenhang zu erschließen ist, beispielsweise »Sie trinkt Wein, er Mineralwasser«.

Eine **Parabel** ist eine bestimmte Form der Gleichniserzählung, meist mit lehrhaft-erzieherischem Kern, bei der allgemeine moralische Wahrheiten gleichnisartig durch Vorgänge aus dem menschlichen (oder – in der Fabel – dem tierischen) Leben veranschaulicht werden.

Unter einer **Hyperbel** versteht man die bewusst eingesetzte Übertreibung zur Verstärkung, Pointierung oder Ironisierung eines Ausdrucks wie »mutterseelenallein« oder »himmelhoch ragende Häuser«.

Die beliebtesten Kosenamen der Deutschen

- *Schatz*
- *Schatzi*
- *Hase*
- *Liebling*
- *Schnuckel/Schnuckli*
- *Mausi*
- *Bär/Bärchen/Bärli*
- *Papa/Papi/Papilein*
- Verniedlichte Formen des Vornamens: *Hansi, Wölfchen, Julchen*
- *Kleiner/Kleine/Kleines*

Bei den auf den Plätzen folgenden Kosenamen sind der Erfindungsgabe – im Gegensatz zu standesamtlich eingetragenen Vornamen – keine Grenzen gesetzt. Besonders inspirierend ist dabei das Tierreich: *Tiger, Äffchen, Seepferdchen, Igelschnäuzchen, Flusspferd, Schneckchen, Würmchen, Miezilein* und *Schmusekater, Ameisenbär, Haselmaus, Schmetterling, Täubchen, Schäfchen.* Auch auf der Grundlage von *Hase, Maus* und *Bär* lassen sich noch recht ausgefallene Kosenamen bilden: *Hasenpuschel* und *Tigerhase, Chaosmaus* und *Goldmäuschen, Grizzlybärchen* und *Knuddelbär.*

Häufig sind Kosenamen, die die Schönheit der Partnerin rühmen: *Blümchen, Kirschblütchen, Lotusblüte, Maiglöckchen, Juwelchen, Zauberfee.* Auch die Wesensart des mit dem Kosenamen Bedachten spielt eine wichtige Rolle: *Engelchen, Sonnenschein, Zuckertäubchen, Leckerchen, Marmeladenherz, Sahnetörtchen, Goldstück.*

Und ungeachtet der Tatsache, dass *Zwerg, Giftzwerg, Teufel* oder *Hexe* im normalen Sprachgebrauch eigentlich einen negativen Sinn haben, kommen sie als Kosenamen nicht allzu selten vor.